Couverture : Marion Alfano
Illustration de couverture : Roxane Damidot
Conception graphique et mise en pages : Sébastienne Ocampo
Illustrations : Roxane Damidot

ISBN : 978-2-311-21940-1

5, allée de la 2e D.B., 75015 Paris
Site Internet : www.vuibert.fr

Boualem AZNAG
et **Stéphane GRULET**
@boualemetsteph

Le prof parfait N'EXISTE PAS !

500 conseils très pratiques pour gérer
le quotidien et l'inattendu
à l'école primaire

Vuibert

SOMMAIRE

PARTIE 3

PARTIE 4

PARTIE 5

PARTIE 6

PARTIE 7

CORRESPONDANCE ENTRE DESSINS ET COMPÉTENCES PROFESSIONNELLES DU PROFESSEUR DES ÉCOLES MOBILISÉES*

Utiliser un langage clair et adapté et intégrer dans son activité la maîtrise de la langue écrite et orale par les élèves. 	Construire, mettre en œuvre et animer des situations d'enseignement et d'apprentissage prenant en compte la diversité des élèves. 
Organiser et assurer un mode de fonctionnement du groupe favorisant l'apprentissage et la socialisation des élèves. 	Évaluer les progrès et les acquisitions des élèves. 
Contribuer à l'action de la communauté éducative et coopérer avec les parents d'élèves et les partenaires de l'école/l'établissement. 	Installer et maintenir un climat propice aux apprentissages. 
Agir en éducateur responsable et selon des principes éthiques. 	S'engager dans une démarche individuelle et collective de développement professionnel. 

* En référence à l'arrêté du 1er juillet 2013 – B.O. n°30 du 25 juillet 2013 fixant les compétences professionnelles des enseignants du premier degré.

INTRODUCTION

Ça y est, vous êtes prof des écoles. Et vous avez besoin de conseils pour la rentrée, mais pas sous forme de vagues indications noyées dans de longs paragraphes fumeux. Ça tombe bien, nous aimons ce qui est simple, direct, concret et efficace !

Dans ce livre, vous trouverez des fiches remplies de suggestions, sans bla-bla. Chacune correspond à une situation du métier de prof des écoles : la préparation de la rentrée, la conduite d'une séance d'EPS ou des moments moins drôles comme la gestion d'un conflit avec un parent d'élève.

Chaque fiche s'organise de la manière suivante : on introduit le sujet en quelques phrases, histoire de poser les choses. Ensuite, on enchaîne les recommandations issues de notre propre pratique de classe et de notre expérience avec les enfants. À l'aide de jolies pastilles du plus bel effet, nous attirons au fil du texte votre attention sur quatre points :

- ✔ ***VOTRE MISSION*** pour préciser quel doit être votre rôle ou votre posture dans la classe ;
- ✔ **pas de panique** pour dédramatiser une situation qui peut paraître compliquée alors qu'en fait elle ne l'est pas du tout ;
- ✔ par exemple pour vous donner encore plus de cas concrets ;
- ✔ pour vous inviter à consulter une autre fiche de ce livre en lien avec le sujet.

Deux rubriques permettent d'approfondir un thème : la **boîte à outils** propose des liens vers des documents officiels (mais pas que !) et notre rendez-vous **questions/réponses** répond aux questions complémentaires que vous pouvez vous poser, d'où le nom de la rubrique. Vous voyez que nous sommes simples et efficaces !

Et organisés également.

Nous avons classé les différentes situations en sept familles : **préparer son année scolaire, réussir son mois de septembre, avoir la bonne posture, conduire des séances, emmener sa classe à l'extérieur, vivre ensemble et nouer une relation de qualité avec les parents.**

Voici de quoi vous aider à exercer ce métier génial qu'est celui de professeur des écoles !

1

PRÉPARER SON ANNÉE SCOLAIRE

FICHE 1

PRENDRE CONTACT AVEC L'ÉCOLE

ON SORT SON TÉLÉPHONE ET ON PRÉPARE UN CARNET DE NOTES. LA GRANDE AVENTURE COMMENCE.

Notification sur votre téléphone. Un DM sur Insta ? Un WhatsApp pour un apéro en terrasse ce soir ? Malheureusement non. Vous avez reçu un mail de l'Éducation nationale. Vous y apprenez votre nouvelle affectation. Bon d'accord, c'est moins sexy qu'une proposition de mojito. Quelles questions poser à votre future directrice ou futur directeur d'école, ainsi qu'au titulaire de la classe ? Voici ce que nous vous conseillons.

POSEZ LES BONNES QUESTIONS

✔ Quels sont le/les niveaux de classe attribués ?

✔ Quels sont les fichiers ou manuels utilisables à la rentrée ?

✔ Quelles sont les habitudes des enseignants du cycle concernant les outils des enfants ? Par exemple : existe-t-il des classeurs, porte-vues ou cahiers se transmettant d'une année à l'autre ?

✔ La commande de fournitures pour la rentrée scolaire est-elle déjà passée ?

✔ Quelle est la liste de fournitures demandée aux élèves ?

✔ Quels sont les horaires de l'école ?

- ✔ Quels sont les adultes qui interviennent dans la classe : accompagnant d'élève en situation de handicap (AESH), professionnels extérieurs, etc. ?
- ✔ Y a-t-il un ou plusieurs enfants titulaires d'un projet d'accueil individualisé (PAI) ?
- ✔ Y a-t-il des programmations déjà existantes, des apprentissages par cycle puis par domaine d'enseignement ?
- ✔ Quel est le matériel numérique de la classe : ordinateur, tablette, tableau numérique interactif (TNI) ?

SI VOUS DÉCHARGEZ UN(E) COLLÈGUE

- ✔ Vous devez vous répartir les domaines d'enseignement avec le titulaire de la classe. Convenez ensemble, en fonction des envies et des nécessités, de l'attribution des différentes matières. Cette répartition doit s'effectuer par le biais d'un dialogue constructif et d'une ouverture d'esprit de part et d'autre.
- ✔ Demandez quels sont les rituels mis en place dans la classe. **Par exemple** : la date du jour en cycle 1. Dès le jour de la rentrée, vous pourrez vous appuyer sur ces dispositifs déjà installés.

VOTRE TO-DO LIST LORS DE LA VISITE DE CLASSE

- ✔ Inventoriez le matériel présent dans la classe. **Par exemple** : cahiers, fichiers, manuels, guides pédagogiques et fournitures.
- ✔ Récupérez la liste des élèves, un exemplaire du projet d'école et du règlement intérieur.
- ✔ Récupérez les clés de l'école et le code de l'alarme le cas échéant.
- ✔ Notez le code de la photocopieuse et le quota de copies quotidiennes.

FICHE 2

PROGRAMMER SES APPRENTISSAGES

ON ENFILE SON MAILLOT, ON DÉPLIE SA SERVIETTE ET ON PLONGE DANS LA PROGRAMMATION.

Votre question philosophique du moment est de savoir si vous irez à la plage avant ou après la promenade à vélo ? Désolés de vous ramener à la réalité, mais votre grand débat intérieur devrait plutôt être le suivant : faut-il rédiger en premier sa programmation ou sa progression ?

SAVOIR FAIRE LA DIFFÉRENCE

- ✔ Une programmation est un document recensant l'ensemble des compétences que vous allez travailler pendant l'année scolaire pour chaque matière et chacun de vos niveaux de classe.
- ✔ Une progression est un autre document planifiant vos séquences d'apprentissage par période.

COURIR PARTOUT POUR RÉUNIR LA DOCUMENTATION...

- ✔ Demandez à vos collègues s'il existe dans l'école des programmations des apprentissages par cycle. Par exemple : *Programmation des enseignements en mathématiques au cycle 2*. Si c'est le cas, appuyez-vous sur ces documents pour confectionner vos tableaux programmatiques pour chaque domaine d'enseignement.
- ✔ Téléchargez sur le site d'Éduscol le document officiel correspondant au cycle dans lequel vous enseignez.

Chaque document présente les programmes et propose de nombreux documents ressources par matière (boîte à outils).

✔ Téléchargez également sur le site d'Éduscol le document des repères annuels de progression et attendus de fin d'année puis de cycle classés par matière et par niveau (boîte à outils).

✔ Prenez uniquement pour référence ces documents officiels. Les sommaires de manuels scolaires ou autres ressources téléchargées sur Internet peuvent vous aider mais ne sont pas des références institutionnelles.

ET S'ASSOIR POUR RÉDIGER

✔ Construisez, pour chaque domaine d'enseignement et pour chaque période de l'année, un tableau où figurent les compétences à travailler. Par exemple : CP – Éducation morale et civique.

Périodes 1 et 2	Période 3	Périodes 4 et 5
Respecter autrui	Acquérir et partager les valeurs de la République Connaître les principes et les symboles de la République	Construire une culture civique

✔ Établissez un tableau par domaine d'enseignement à l'image de celui proposé ci-dessus. Distribuez chaque notion sur chaque période en veillant à ne pas surcharger.

✔ Faites un bilan à la fin de chaque période. Surlignez ce qui a été travaillé. Prévoyez cependant d'y revenir plusieurs fois. La pédagogie, c'est l'art de la répétition.

✔ Privilégiez la qualité à la quantité. Inutile de vouloir à tout prix aborder tous les points de votre programmation. L'année scolaire n'est pas une course : on avance au rythme des élèves.

BOÎTE À OUTILS

- Programmes, ressources et évaluations.
- Repères annuels de progression et attendus de fin d'année.

www.lienmini.fr/227696-p15

FICHE 3

PRÉPARER SES PROGRESSIONS

KEEP CALM ET CONTINUEZ À PRÉPARER VOS DOCUMENTS.

Vos programmations sont prêtes ? Bravo ! On continue à confectionner de jolis tableaux, en s'y reprenant à plusieurs fois parce que ce fichu logiciel refuse d'insérer une ligne quand les deux colonnes de gauche sont fusionnées… Bref, on prépare ses progressions pour l'année scolaire.

POUR FAIRE SIMPLE, PRENONS UN EXEMPLE

✔ Reprenez un tableau de programmation préparé précédemment, et ajoutez pour chaque compétence une ou plusieurs séquences d'enseignement. Notez également les compétences attendues en fin de cycle. Lorsque l'on enseigne, il est important d'avoir toujours en mémoire le but à atteindre. Par exemple : CP – Éducation morale et civique.

	Périodes 1 et 2	Période 3	Périodes 4 et 5
Compétences	Respecter autrui	Acquérir et partager les valeurs de la République	Construire une culture civique
Séquences d'apprentissage	Les règles d'hygiène de vie Les dangers domestiques Les droits de l'enfant	Les symboles de la République	Les supports qui permettent d'accéder à l'information
Rappel des attendus de fin de cycle	Adopter un comportement responsable par rapport à soi et à autrui Accepter et respecter les différences	Connaître les valeurs, les principes et les symboles de la République française : le drapeau, l'hymne national, les monuments, la fête nationale	Écouter autrui et produire un point de vue argumenté

COMPLIQUONS UN PEU NOTRE PROPOS (MAIS PAS TROP)

✔ Déterminez si certaines compétences peuvent faire l'objet d'un travail commun à deux matières différentes. On parle alors de croisement entre les apprentissages. **Pas de panique**, c'est très simple. On peut par exemple travailler en lecture, avec l'étude d'un album, sur le thème de la discrimination. On peut également croiser les arts visuels et la géométrie en préparant une exposition sur l'artiste Robert Delaunay.

✔ Indiquez alors dans votre tableau un croisement possible entre deux domaines d'enseignement.

✔ Listez également des compétences issues de votre programmation qui ne feront pas l'objet de séances proprement dites, mais qui seront traitées de manière transversale. **Par exemple** : la compétence extraite du programme EMC en cycle 2 intitulée « Prendre part à une discussion, un débat ou un dialogue » figurera dans la colonne de la période 1 et fera de votre part l'objet d'une grande attention. Ceci sera utile lorsque vous validerez les compétences dans le livret scolaire en fin de semestre.

FICHE 4

COMPOSER SON EMPLOI DU TEMPS

CONSTRUIRE UN EMPLOI DU TEMPS, C'EST LE PLUS BEAU DES JEUX DE CONSTRUCTION...

Enfant, vous aimiez jouer au Kapla, ce jeu de construction où il faut empiler des planchettes de bois ? Vous allez adorer associer, imbriquer, faire correspondre les attentes du programme scolaire, les contraintes de l'école et vos choix personnels !

D'ABORD, LES PROGRAMMES (LA BASE)

✔ Répartissez sur l'ensemble de la semaine les différentes matières en respectant la durée hebdomadaire fixée par le *Bulletin officiel de l'Éducation nationale*.

✔ Ritualisez les apprentissages, c'est-à-dire inscrivez chaque jour au même moment des activités quotidiennes bien connues des élèves. Par exemple : la météo en cycle 1, une activité de calcul rapide sur ardoise, la récitation d'une poésie ou la lecture d'un album.

✔ Faites des choix plutôt que de vouloir tout faire. Pendant un semestre, privilégiez une matière plutôt qu'une autre. Par exemple, dans le cadre des enseignements artistiques, consacrez plus de temps aux arts visuels. Vous travaillerez l'éducation musicale au trimestre suivant.

✔ Évitez les séances d'apprentissage axées sur la découverte d'une nouvelle notion le lundi jusqu'en milieu de matinée ou le vendredi après-midi. L'attention et le niveau de concentration des élèves y sont généralement réduits.

✔ Prévoyez une alternance de séances longues et de séances plus courtes. Un emploi du temps doit être rythmé, tant sur la durée des séances que sur les modalités d'enseignement.

ENSUITE, LES COLLÈGUES (CŒUR SUR VOUS LA TEAM)

✔ Vérifiez auprès des collègues de l'école la disponibilité des espaces que vous souhaitez investir, notamment en EPS. Renseignez-vous également sur la présence d'éventuels intervenants qui imposeront peut-être leurs créneaux horaires.

✔ Sollicitez vos collègues sur d'éventuels décloisonnements. Certaines équipes pédagogiques s'organisent pour que des enseignants prennent en charge une matière lors d'un créneau horaire bien précis. Si ce dispositif impose une contrainte supplémentaire dans l'emploi du temps, il est toujours profitable aux élèves et permet aux professeurs de collaborer.

✔ Restez souple ! En fonction des besoins d'autres collègues ou de projets ponctuels, vous serez amené à modifier votre emploi du temps. Pas de panique : il suffit d'en rédiger un par trimestre et de procéder à un bilan du volume horaire dans chaque enseignement avant chaque période de vacances.

ET BIEN SÛR, LES ÉLÈVES

✔ Dans le cadre d'une classe à niveaux multiples, faites en sorte que tous les élèves travaillent en même temps dans la même matière.

✔ En cycle 1, les séances n'excèdent pas 20 à 30 minutes, sans quoi vous risquez de perdre l'attention des élèves. Pour les maintenir concentrés, prévoyez au moins 30 minutes de motricité par jour.

✔ En cycles 2 et 3, inscrivez, à raison de deux fois 30 minutes dans la semaine, des ateliers individualisés ou semi-collectifs. Les élèves peuvent y terminer un travail, bénéficier de votre aide individualisée ou travailler en petits groupes sur un projet en cours. Ces deux moments peuvent être placés le lundi matin et le vendredi après-midi.

BOÎTE À OUTILS

- Horaires d'enseignement des écoles maternelles et élémentaires.
- Programmes et horaires à l'école maternelle.
- Programmes et horaires à l'école élémentaire.

www.lienmini.fr/227703-p19

FICHE 5

CONSTRUIRE UNE SÉQUENCE D'APPRENTISSAGE

ON FAIT LE PLEIN D'ÉNERGIE EN AVALANT UN JUS DE CITRON ET ON SE LANCE DANS LA CONSTRUCTION D'UNE SÉQUENCE.

En préparant vos progressions, vous avez réparti sur l'année les différentes séquences d'apprentissage. Un merveilleux souvenir, non ? Il faut maintenant préparer chaque séquence, qui représente un ensemble de séances d'enseignement permettant de travailler de manière structurée une ou plusieurs compétences.

UN TABLEAU PAR SÉQUENCE

<table>
<tr><th colspan="2">Titre de la séquence</th><th colspan="2">Domaine d'apprentissage</th><th>Période</th><th>Cycles et niveaux</th></tr>
<tr><td colspan="2">Connaître les symboles de la République</td><td colspan="2">Éducation morale et civique</td><td>2</td><td>Cycle 2 CE1</td></tr>
<tr><td>Compétences travaillées</td><td colspan="5">Connaître les valeurs, les principes et les symboles de la République</td></tr>
<tr><td>Séance 1
Évaluation diagnostique</td><td>Séance 2
Recherche et manipulation</td><td>Séance 3
Structuration</td><td>Séance 4
Entraînement et différenciation</td><td>Séance 5
Évaluation finale</td><td>Séance 6
Réinvestis-sement</td></tr>
<tr><td>B</td><td>C</td><td>D</td><td>E</td><td>A</td><td>F</td></tr>
</table>

✔ Reprenez les compétences inscrites dans votre programmation. Par exemple : « Connaître les symboles de la République. » Puis reproduisez le tableau suivant.

✔ Renseignez le titre de la séquence, le domaine d'apprentissage, la période, le cycle et le(s) niveau(x) de classe. Précisez la ou les compétences travaillées ainsi que celles à évaluer dans le socle commun (fiche 32).

COMMENT REMPLIR LES CASES...

A. Débutez par la colonne dédiée à l'évaluation finale (séance 5). Inscrivez ce que vous demanderez aux élèves lors de cette phase. Que souhaitez-vous qu'ils connaissent, qu'ils maîtrisent ou qu'ils soient capables de faire ? **Par exemple** : citer trois symboles de la République, connaître le refrain de *La Marseillaise* ainsi que les trois mots de notre devise. Avoir en tête la destination de votre séquence permet de mieux en préparer les étapes.

B. Dans la colonne concernant l'évaluation diagnostique (séance 1), notez un court test pour vérifier ce que les élèves connaissent déjà sur les symboles de la République. **Par exemple** : citer trois symboles de la République. Ainsi, vous analyserez les réponses pour préparer de manière plus ajustée le contenu de votre séquence.

C. Trouvez dans un guide ou sur un site pédagogique une situation de recherche qui constituera le cœur de la deuxième partie de votre séquence, puis notez-la dans la deuxième colonne (séance 2). Il est nécessaire que cette situation pose un problème aux élèves. **VOTRE MISSION** est de les obliger à se questionner, à échanger et à construire collectivement un nouveau savoir.

D. Notez dans la colonne consacrée à la structuration (séance 3) les traces écrites individuelles et collectives (fiche 31).

E. Anticipez des situations de différenciation qui seront proposées dans la séance dédiée (séance 4). nos idées pour différencier les apprentissages en fiche 29.

F. Rédigez pour la séance de réinvestissement (séance 6) une tâche grâce à laquelle les élèves pourront tester leurs nouvelles connaissances ou savoir-faire.
Par exemple : repérer deux symboles de la République autour de l'école.

BOÎTE À OUTILS

- Les compétences du socle commun.
- Construire une séquence, quelques incontournables.

www.lienmini.fr/227704-p21

FICHE 6

ÉLABORER UNE SÉANCE D'APPRENTISSAGE

LES ÉLÈVES, CES ÊTRES CAPABLES DE TOUT COMPRENDRE LE MARDI ET RIEN DU TOUT LE VENDREDI.

Nous avons vu qu'une séquence d'apprentissage était composée en moyenne de six séances – parfois plus, parfois moins. Cela dépend de votre préparation et surtout, du niveau de compréhension de vos élèves. Voici quelques pistes pour rédiger une séance.

ENCORE UN TABLEAU !

✔ Ouvrez le fichier dans lequel figure le tableau de votre séquence d'apprentissage. Sur une deuxième page, nommée « Recherche et manipulation », reproduisez ce nouveau tableau :

Séquence d'apprentissage	Séance 2	Compétence(s) travaillée(s)
Connaître les symboles de la République	Le drapeau tricolore	Connaître les valeurs, les principes et les symboles de la République
Savoir pour l'enseignant(e)	Il date de la Révolution de 1789. Le bleu et le rouge, couleurs des révolutionnaires parisiens, entourent le blanc, la couleur du roi. Le drapeau français symbolise alors la révolte du peuple pour obtenir la liberté.	
Étape 1 Mise en route	« Où peut-on trouver le drapeau français ? »	
Étape 2 Recherche	Les élèves, par deux, doivent se mettre d'accord sur deux réponses.	
Étape 3 Mise en commun	Chaque binôme propose ses deux réponses qui sont discutées, validées et écrites le cas échéant au tableau.	

Séquence d'apprentissage	Séance 2	Compétence(s) travaillée(s)
Étape 4 **Structuration**	Faire dire aux enfants que le drapeau est un symbole de la France. Présenter la vidéo donnant des informations complémentaires.	
Étape 5 **Application**	Faire colorier le drapeau sur l'image qui sera collée dans le classeur d'EMC.	
Étape 6 **Conclusion**	Conclure en faisant rappeler ce qui a été appris, puis expliquer que d'autres symboles républicains existent et seront étudiés prochainement.	
Matériel		
Bilan		

✔ Renseignez les premières cases. Veillez à ce que la ou les compétences travaillées correspondent aux attendus fixés.

✔ Recherchez et limitez les savoirs qui vous seront nécessaires pour la conduite de votre séance. **Par exemple** : la liste des symboles de la République, l'origine de *La Marseillaise*, l'explication historique des trois couleurs du drapeau tricolore.

✔ Surlignez les informations qui vous semblent essentielles à expliquer et/ou faire verbaliser par les élèves.

LES DIFFÉRENTES ÉTAPES DE LA SÉANCE

Étape 1 : accroche où vous rappelez les acquis et proposez une situation motivante.

Étape 2 : moment de recherche où les élèves sont actifs et construisent le savoir collectivement pendant dix minutes.

Étape 3 : lors de cette mise en commun, **VOTRE MISSION** est que les élèves s'expriment, s'écoutent, confrontent leurs avis.

Étape 4 : notez les propositions des enfants au tableau et créez ensemble la trace écrite de la séance. 👁 fiche 31 pour en connaître les différentes formes.

Étape 5 : à l'aide d'exercices simples et adaptés, les élèves s'entraînent individuellement ou par deux.

Étape 6 : faites résumer la séance par un élève.

✔ Notez dans le tableau le matériel et les documents nécessaires.

FICHE 7

RÉDIGER SON CAHIER-JOURNAL

ON OUBLIE SON JOURNAL INTIME ET ON SE LANCE DANS SON CAHIER-JOURNAL.

Si vous vous aventurez dans la jungle sans carte, vous serez perdu. Une journée de classe, c'est pareil : sans feuille de route, vous n'arriverez pas à destination ! Le cahier-journal, c'est votre chemin, votre programme, séance après séance, rituel après rituel. Voici comment le rédiger efficacement.

QUELS DOCUMENTS CONTIENT-IL ?

✔ Réunissez dans un classeur grand format les documents essentiels suivants : liste des élèves, emploi du temps, programmations et progressions. Ajoutez d'autres ressources telles que le règlement intérieur, le projet d'école et éventuellement des programmes personnalisés de réussite éducative (PPRE).

✔ Insérez dans une deuxième partie de ce classeur le déroulement de votre journée de classe, préparé au préalable sur traitement de texte.

DU MATIN AU SOIR, VOTRE FOLLE JOURNÉE DE CLASSE

✔ Organisez ce déroulement de journée de manière chronologique. Par exemple :

<table>
<tr><td>8 h 30</td><td>Accueil</td><td></td></tr>
<tr><td colspan="2">Appel des élèves.
Lecture de la fin de l'album débuté hier.
Annonce du programme de la journée.</td><td></td></tr>
<tr><td>8 h 40</td><td>Mathématiques</td><td>Nombres et calcul</td></tr>
<tr><td colspan="2">Compétence : Ajouter des unités
à un nombre à deux chiffres</td><td>Ardoise</td></tr>
<tr><td colspan="2">60 + 5 ; 64 + 3 ; 65 + 6 ; 78 + 3 ; 78 + 6</td><td>Durée : 5 minutes</td></tr>
</table>

- ✔ **Choisissez la séance à détailler. Ci-dessus, dans la partie « accueil » quelques points sont notés et seront abordés avec les enfants. Pour la partie « mathématiques », on indique la compétence correspondante et la liste des opérations qui seront proposées aux élèves.**
- ✔ **Remplissez la suite en indiquant le déroulement de votre journée. En cycle 1, détaillez l'organisation des ateliers. En cycles 2 et 3, rédigez votre séance d'apprentissage, ou procédez à un copier/coller depuis votre document de préparation (fiche 6).**
- ✔ **Prévoyez une journée de classe qui alterne des séances d'enseignement courtes et d'autres plus longues.**
- ✔ **Adoptez également le principe de la ritualisation, à savoir les mêmes activités au même moment. Il peut s'agir du moment d'appel ou de la météo le matin en cycle 1, ou de jeux mathématiques ou de vocabulaire en cycles 2 et 3.**

DÉZOOMEZ !

- ✔ **Relisez le déroulement de votre journée et posez-vous les questions suivantes :**
  - **L'alternance séances courtes/longues est-elle respectée ?**
  - **Y a-t-il deux séances d'apprentissage au contenu complexe qui s'enchaînent (ce qui est à éviter) ?**
- ✔ **Créez un fichier par journée de classe et surtout, conservez ce fichier dans un dossier dédié de votre disque dur.**
- ✔ **Imprimez le document et consignez-le dans votre classeur.**

FICHE 8

PRÉPARER SON AFFICHAGE

ON SE LA JOUE À LA FOIS PROFESSEUR DES ÉCOLES ET DÉCORATEUR D'INTÉRIEUR.

On ne va pas se mentir, il y a des chances que les murs de votre salle de classe n'aient pas vu un coup de pinceau depuis une vingtaine d'années ! Un affichage pédagogique est donc le bienvenu, et pas seulement pour décorer bien sûr. Entre les documents obligatoires, ce qui est destiné aux élèves et cette jolie affiche rapportée du musée de la Dentelle à Calais, comment choisir ?

ADMINISTRATIF ET INSTITUTIONNEL, SO CHIC

✔ Collectez et affichez dans la classe les documents institutionnels obligatoires : emploi du temps, liste des élèves, règlement intérieur de l'école, consignes de sécurité, plan d'évacuation des locaux, etc.

ESTHÉTIQUE, SO GLAM

✔ Faites de votre classe un lieu chaleureux et accueillant en affichant par endroits des couvertures d'albums, des reproductions de tableaux d'artistes, des posters liés à des manifestations locales.

✔ Faites évoluer tout au long de l'année cet affichage culturel en fonction par exemple des sorties de la classe, des envies des élèves, de l'agenda des manifestations du territoire.

LAÏCITÉ, SO TRENDY

✔ Affichez un symbole républicain. **Par exemple** un extrait de *La Marseillaise* ou un drapeau tricolore.

DIDACTIQUE, SO CUTE

✔ Construisez dès les premiers jours de classe, avec les enfants, l'affichage didactique qui constituera une référence collective. **Par exemple**, un visuel simple sur la différence entre « est » et « et ».

✔ Prévoyez lors des séances d'apprentissage des moments où les traces écrites et les affiches sont construites collectivement. Les élèves utilisent plus facilement des outils dont ils ont contribué à l'élaboration. Pour autant, quelques affiches peuvent être présentes dès le premier jour. **Par exemple** :

- **Cycle 1 :** abécédaire en scriptes, cursives et capitales ; frise des jours de la semaine ; étiquettes de présence avec les prénoms.
- **Cycles 2 et 3 :** affiche de l'alphabet ; frise des nombres jusqu'à 100 ; cartes de France, d'Europe et du monde ; tables d'additions et de multiplications ; frise historique.

✔ Prévoyez une évolution des affichages didactiques au fur et à mesure des séances.

BOÎTE À OUTILS

- Les affichages obligatoires.
- Une affiche de grammaire.

www.lienmini.fr/227705-p27

FICHE 9

RÉUSSIR SA PRÉ-RENTRÉE ADMINISTRATIVE

ON NE DIT PAS QU'IL FAUT PANIQUER. ON DIT JUSTE QUE C'EST BIENTÔT LA RENTRÉE.

Elle approche, et elle est du genre à vous envoyer quelques chatouilles dans le ventre : on l'appelle la rentrée scolaire et vous verrez, ça va bien se passer ! Commençons, joie et bonheur, par régler le sort de tout ce qui concerne l'organisation et l'administration.

C'EST DÉJÀ NOËL : ON OUVRE LES CARTONS !

✔ Ouvrez les cartons et inventoriez le matériel reçu pendant les vacances.

✔ Inventoriez également le petit matériel déjà à disposition dans les armoires de la classe.

✔ Remplissez le registre de présence avec les noms, prénoms et la date de naissance de chaque enfant.

✔ Imprimez et plastifiez les étiquettes des prénoms.

LE PÈRE NOËL, C'EST VOUS : ON DISTRIBUE LES CADEAUX AUX ENFANTS

✔ Répartissez les cahiers par matière et pour chacun préparez la page de garde (nom, prénom de l'élève, classe, matière et année scolaire). Collez sur chaque couverture de cahier l'étiquette de l'élève correspondant avec son nom et son prénom.

✔ Rangez les cahiers par piles sur une table en fond de classe.

ET LES PAPIERS DANS TOUT ÇA ?

- ✔ Préparez les documents suivants, à raison d'un par élève et selon les consignes de la direction : fiche de renseignements, note d'information générale, autorisation de droit à l'image et règlement intérieur.
- ✔ Remplissez la fiche de liaison titulaire/remplaçant où sont indiquées des informations importantes concernant la classe. **Pas de panique**, votre équipe de circonscription à la Direction départementale a sûrement préparé un document vierge dans lequel on retrouve les éléments suivants : renseignements concernant l'école (adresse, horaires), la classe (niveaux, effectif, élèves à besoin particulier), le matériel (fichiers et outils), les activités spécifiques (piscine, décloisonnement, etc.) et d'autres remarques éventuelles. Joindre à ce document l'emploi du temps de votre classe.
- ✔ Notez dans votre cahier-journal, lors de la réunion de rentrée des enseignants, les informations importantes : planning de service, organisation de la restauration scolaire, etc.
- ✔ Consignez également lors de cette réunion les codes de la photocopieuse, de l'ENT et éventuellement du digicode de l'école.
- ✔ Affichez sur les murs de la classe les documents obligatoires selon l'IEN : charte de la laïcité, plan d'évacuation, emploi du temps.
- ✔ Affichez sur la porte le nom du ou des enseignants et du ou des niveaux de classe.

QUESTIONS/RÉPONSES

Que puis-je prendre dans la classe de ma nouvelle école pour m'avancer durant l'été ?

Vous pouvez emporter un exemplaire de chaque fichier ou manuel. Prenez également quelques photos afin de réfléchir à la disposition des tables et des meubles.

À quel rythme rédiger les progressions ?

Répartissez vos séquences sur 36 semaines, ce qui correspond aux semaines d'enseignement. Prévoyez des séquences plus simples en fin de période, car la concentration des élèves y devient plus difficile.

Où dois-je consigner mes programmations et mes progressions ?

L'idéal est de les conserver sur votre ordinateur ainsi que sur un autre support. Ces documents seront à présenter sur format papier ou numérique lors de la visite d'un formateur ou de l'inspecteur(-trice) de l'Éducation nationale.

Pourquoi prévoir une case « bilan » dans une séquence d'apprentissage ?

Vous avez passé beaucoup de temps à rédiger votre séquence. Conservez-la dans votre disque dur après y avoir noté ce qui a bien fonctionné et ce qui peut être amélioré. Ce sera utile quand vous conduirez à nouveau cet ensemble de séances.

La rédaction d'un cahier-journal est-elle obligatoire ?

Elle ne l'est plus depuis 1881, date à laquelle elle a été supprimée par Jules Ferry. En revanche, c'est un outil très utile. Être enseignant(e), c'est conduire une classe bien sûr, mais c'est aussi programmer et anticiper les apprentissages. Le cahier-journal permet également de conserver une trace de votre travail pour un(e) éventuel(le) remplaçant(e) si vous êtes absent(e). Il est également consulté par un formateur ou l'inspecteur(-trice).

La pré-rentrée est-elle obligatoire ?

C'est une obligation et elle est définie par la note de service du 12 juillet 1983. Son but est d'organiser et préparer votre début d'année scolaire. Elle relève de la liberté pédagogique de chaque enseignant quant à son contenu.

Et si je n'ai pas terminé à la fin de cette journée de pré-rentrée ?

On ne va pas se mentir, une journée, ce n'est clairement pas assez. Si vous le pouvez, rendez-vous à l'école quelques heures les jours précédents. Vous y croiserez des collègues déjà à l'œuvre et ces moments informels seront l'occasion d'échanger des informations importantes mais aussi - parce que c'est très important - de faire connaissance autour d'un café.

LA TO-DO LIST

- ❑ Préparer une liste complète de questions à poser avant la prise de contact avec l'école.
- ❑ Noter dans un agenda les contacts des personnes avec qui on va travailler cette année : collègues, assistants, directeur(-trice) du périscolaire, etc.
- ❑ Télécharger dans un dossier dédié les documents officiels d'Éduscol concernant le ou les niveaux de classe : bulletin officiel, programme d'enseignement.
- ❑ Rédiger les programmations à partir de ces documents officiels.
- ❑ Choisir les supports et méthodes pédagogiques pour chaque matière. Privilégier les ressources provenant d'éditeurs sérieux à utiliser toute l'année scolaire.
- ❑ Rédiger les progressions en ayant pour support les méthodes pédagogiques choisies ci-dessus (ne surtout pas inventer !).
- ❑ Construire une première version d'emploi du temps qui sera modifiée régulièrement.
- ❑ Lister les affichages collectifs de début d'année. Recenser ce qui existe déjà dans la classe et préparer le reste.
- ❑ Rédiger les pages du cahier-journal pour les premières journées de classe en se concentrant davantage sur la relation avec les élèves, le cadre affectif à poser plutôt que sur les enseignements disciplinaires.

MES NOTES PERSONNELLES

2

RÉUSSIR SON MOIS DE SEPTEMBRE

FICHE 10

PRÉPARER PÉDAGOGIQUEMENT SA PREMIÈRE JOURNÉE DE CLASSE (EN CYCLE 1)

ON PRÉPARE LA RENTRÉE À L'ÉCOLE MATERNELLE, ET ON NE VA PAS SE MENTIR, C'EST DU SPORT.

Déplacer les meubles, découper, plastifier, déplacer à nouveau les meubles parce qu'on n'est toujours pas satisfait : accrochez-vous à vos baskets, voici nos essentiels avant l'arrivée des enfants et leurs parents.

ORGANISER L'ESPACE

✔ Organisez la salle de classe en différents espaces distincts. Regroupez les tables en îlots de sorte à gérer facilement la répartition des enfants lors des ateliers tournants.

✔ Nommez ces groupes de tables pour aider au repérage. Par exemple : des couleurs, des noms d'animaux ou de végétaux.

ON « PIMPE » AVEC LES AFFICHAGES

✔ Prévoyez des affichages spécifiques, qui aideront les enfants à se repérer dans l'espace et le temps. Concernant les documents obligatoires, 👁 fiche 8.

- Tableau de présences et absences avec le prénom de chaque élève en scriptes et majuscules sur chaque étiquette.
- Grille des anniversaires qui sera complétée avec les enfants.

- Frise numérique avec constellations et écriture des nombres en chiffres. Sur la première ligne, le chiffre ; sur la seconde, une main avec le nombre de doigts correspondant.
- Abécédaire adapté à l'âge des élèves.

ON PERSONNALISE AVEC LES « COINS »

✔ Les différents espaces de la classe constitueront des repères pour les enfants. Il peut s'agir :

- d'un coin regroupement, à côté du tableau noir ou blanc. Des bancs disposés en U devant le tableau facilitent les échanges entre tous ;
- d'un coin bibliothèque avec des livres prêtés par des collègues ou des parents ;
- d'un coin jeux avec des activités d'identification (cuisine, poupées, épicerie, marionnettes, etc.) ;
- d'un coin graphisme et arts visuels avec des plans horizontaux et verticaux, ainsi que le matériel nécessaire.

✔ Proposez dans les semaines à venir d'autres coins liés aux apprentissages de la classe : plantation, musique, etc.

✔ Sélectionnez des chants et comptines adaptés au niveau de vos élèves. Sollicitez vos collègues qui se feront un plaisir d'en interpréter quelques-uns.

✔ Prévoyez des activités simples qui permettront de découvrir ces différents espaces ainsi qu'un temps de visite de l'école : les autres classes, les cours, les toilettes, etc.

✔ Préparez également des activités libres d'une dizaine de minutes. **Par exemple** : pâte à modeler, gommettes à coller, etc. Cela aidera les élèves à mieux appréhender la classe, les camarades et vous-même.

BOÎTE À OUTILS

- Jeux d'exploration.
- Jeux à règles.
- Jeux de construction.
- Jeux symboliques.
- Réussir son premier jour de classe – conseils en communication.
- 10 conseils pour une rentrée réussie.

www.lienmini.fr/227706-p37

FICHE 11

PRÉPARER PÉDAGOGIQUEMENT SA PREMIÈRE JOURNÉE DE CLASSE (EN CYCLES 2 ET 3)

NOTRE SECRET POUR UNE PREMIÈRE JOURNÉE RÉUSSIE ? NE RIEN LAISSER AU HASARD !

La première journée de classe est à inscrire dans le Top 3 des moments les plus stressants de l'année (à égalité avec la séance ratée d'arts plastiques un vendredi après-midi pluvieux en novembre).

ON S'ÉCHAUFFE EN AMÉNAGEANT LA CLASSE

- ✔ Agencez l'espace de la classe en préférant une disposition classique : tables « en autobus » et élèves assis par deux. Vous procéderez à des changements dans quelques semaines quand le calme et la concentration seront déjà bien installés.
- ✔ Imprimez et plastifiez les premiers affichages de la classe. Pas la peine d'en prévoir trop, au risque de surcharger les murs. 👁 notre liste sur ce thème en fiche 8.

ON GARDE LE RYTHME EN ANTICIPANT LE TRAVAIL ÉCRIT

- ✔ Prévoyez des périodes où chaque élève travaillera individuellement. Par exemple, des phrases à recopier, des opérations à poser, des exercices de français. VOTRE MISSION est de proposer des situations écrites relativement faciles à effectuer en silence pendant quelques minutes. Proposer du travail trop difficile les premiers jours, ce serait ajouter du stress à celui déjà présent lors de la rentrée chez les élèves.
- ✔ Photocopiez en nombre suffisant ces documents.
- ✔ Anticipez en écrivant sur les tableaux de la classe les textes et exercices (qui ne sont pas encore visibles) pour le moment de correction. S'il s'agit de fichiers numériques, ils doivent être prêts sur un disque dur ou votre clé USB.
- ✔ Préparez des activités complémentaires sur feuille, qui serviront en cas de besoin : mots croisés, étiquettes des prénoms à colorier.

ON TERMINE PAR LES MOMENTS COLLECTIFS

- ✔ Prévoyez des situations où les enfants pourront s'exprimer collectivement. Par exemple, des questions comme : « Qu'avez-vous fait pendant les vacances ? », « Quelles règles de vie seraient à instaurer dans la classe ? » VOTRE MISSION dans ces courts moments d'échange est bien sûr d'écouter et de faire connaissance avec vos élèves, mais aussi d'amener la règle de base de la classe : pour demander la parole, il faut lever le doigt. **Pas de panique**, cela peut prendre des semaines pour que ce principe soit respecté.
- ✔ Préparez une première séance d'EPS, du type jeu collectif ou jeu de ballon. VOTRE MISSION est d'aborder avec les enfants les premières règles de vie : l'écoute, le respect et la solidarité.

FICHE 12

RÉUSSIR SA PREMIÈRE JOURNÉE DE CLASSE (EN CYCLE 1)

ON SE DÉTEND ET ON PRÉPARE CETTE BELLE ET MAGNIFIQUE JOURNÉE (ARGH !).

La première journée de classe en cycle 1, c'est pire que l'épreuve des poteaux à Koh-Lanta : ça n'en finit pas et peu sont ceux qui tiennent jusqu'à la fin ! Il paraît même que cette journée est simulée à l'armée pour recruter les futurs membres du GIGN... Mais non, c'est pas vrai !

LE MATIN (QUAND VOUS ÊTES EN FORME)

✔ Accueillez, souriez et serrez la main des parents dans la cour. Présentez-vous et engagez la conversation. Adoptez une position accroupie pour être à la hauteur des enfants.

✔ Laissez les parents entrer dans la classe pour qu'ils puissent y passer un peu de temps.

✔ Continuez dans la classe en accueillant les enfants et procédez à l'appel. Dirigez les PS vers l'ATSEM qui s'occupera de leur donner leur étiquette de prénom préparée à l'avance. Les enfants peuvent la porter autour du cou, la décorer avec des stickers, des gommettes, etc.

✔ Présentez à l'ensemble des élèves les différents coins de la classe.

✔ Laissez les enfants s'installer à la place qu'ils souhaitent. Différents jeux sont déjà placés sur les tables.

- ✔ Proposez les moments ou situations d'apprentissage suivants.
  - **PS :** des comptines, des jeux de doigts, de la pâte à modeler et éventuellement un atelier peinture simple en fin de matinée avec l'aide de l'ATSEM. Cette première demi-journée sera surtout consacrée à la partie affective en gérant les chagrins des enfants. On passera beaucoup de temps à sécher des larmes, à rassurer, à se rendre aux toilettes, à poser les premières limites, sans parler du temps d'habillage avant la récréation.
  - **MS et GS :** débutez par une activité de graphisme. **Par exemple**, faire composer à l'aide d'étiquettes les lettres du prénom, une idée simple pour savoir quels sont les élèves qui connaissent les lettres.
- ✔ Expliquez en fin de matinée que certains élèves repartent chez eux le temps de midi quand d'autres mangent à la cantine. **VOTRE MISSION** aujourd'hui et pour ces prochaines semaines est de rassurer et créer un cadre affectif sécurisant.

L'APRÈS-MIDI (QUAND VOUS ÊTES DÉJÀ EN PLS)

- ✔ Accueillez les enfants et faites l'appel.
  - **PS :** c'est le moment de la sieste. Si vous n'êtes pas de surveillance, ce temps vous servira à préparer les ateliers de l'après-midi. **Par exemple**, un atelier de décoration des porte-manteaux avec des gommettes ou un premier essai de ronde en motricité.
  - **MS et GS :** proposez des activités simples – graphismes, jeux de construction, pâte à modeler. On peut aussi consacrer un peu de temps à l'apprentissage d'une comptine.
    Avec un temps d'échange court, on évoque les règles liées à la récréation : où se range-t-on ? Peut-on sortir seul ? Quels jeux sont autorisés ?
- ✔ Effectuez un bilan de la journée en demandant aux enfants leur ressenti.
- ✔ Prévoyez le temps nécessaire à l'habillage.

FICHE 13

RÉUSSIR SA PREMIÈRE JOURNÉE DE CLASSE (EN CYCLES 2 ET 3)

ET C'EST PARTI POUR LE SHOW !

Ils sont là, devant vous : les parents en masse dans la cour, les enfants aussi bien habillés qu'au réveillon de Noël chez mamie, vos collègues qui n'en mènent pas large non plus. Un seul mot d'ordre pour cette journée : aller vers les autres, rencontrer, saluer, faire connaissance avec chaque enfant, avec ses parents. On se détend, on sourit et on se lance dans le grand bain.

ÇA SE PASSE DÉJÀ DANS LA COUR

✔ Accueillez, souriez et serrez la main des parents dans la cour. Présentez-vous et engagez la conversation.

✔ Notez sur votre cahier-journal les informations qui vous sont données par les parents : allergies, troubles éventuels, auditifs ou autres, etc. Demandez à ce que ces informations soient également envoyées par mail à votre adresse professionnelle.

✔ Placez-vous, dès le signal, au lieu de rassemblement des élèves puis prenez le chemin de votre classe. Il y aura sûrement des retardataires ou des enfants qui ne trouveront pas immédiatement le bon rang.

✔ Invitez les élèves à se ranger devant la porte. Attendez le calme, puis proposez-leur d'entrer et de choisir leur place.

ET ENSUITE, DANS LA CLASSE

- ✔ Souhaitez la bienvenue à tout le monde et montrez votre enthousiasme. **Par exemple** : « Je suis très content(e) de vous accueillir aujourd'hui ! »
- ✔ Notez au tableau votre prénom et votre nom avec une écriture normée, lisible et droite. **Pas de panique**, si vous avez une écriture de médecin de famille, entraînez-vous sur un cahier d'écriture.
- ✔ Précisez aux enfants de quelle manière vous souhaitez être appelé(e). **Par exemple** : maîtresse Karine, monsieur Lebrun, etc.
- ✔ Faites l'appel des élèves à l'aide de votre registre d'appel. Indiquez aussitôt par un message à votre directrice ou directeur les éventuels absents.
- ✔ Invitez les enfants qui le souhaitent à prendre la parole pour livrer un ressenti ou poser une question. **VOTRE MISSION** est d'instaurer la règle du doigt levé avant de s'exprimer.
- ✔ Donnez quelques informations pratiques aux élèves : horaires de l'école, fonctionnement de la garderie et de la cantine. **VOTRE MISSION** est de rassurer les enfants et de leur faire comprendre qu'avec vous, ils sont en sécurité.
- ✔ Proposez une activité collective courte. **Par exemple**, la lecture d'un album ou un échange sur le meilleur souvenir de leurs vacances. L'idée est de détendre tout le monde avec un moment convivial.
- ✔ Proposez ensuite un travail écrit individuel, afin d'installer le calme dans la classe. **Par exemple**, la copie d'une phrase, un exercice d'orthographe ou de mathématiques.
- ✔ Distribuez les papiers administratifs.
- ✔ Faites précéder chaque moment d'une explication. **Par exemple**, avant de partir en récréation, faites rappeler les règles de sécurité dans les couloirs et dans la cour.
- ✔ Concluez la journée en recueillant les impressions des élèves.
- ✔ Échangez quelques mots devant la grille de l'école avec les parents dans le but de faire connaissance.

FICHE 14

CONSTRUIRE SON IDENTITÉ DE PROF, CRÉER UN ESPRIT DE CLASSE

PARLONS UN PEU DE VOUS ET DE VOTRE MOI PROFESSIONNEL.

Votre objectif en ce début d'année scolaire est que vos élèves aient envie de venir à l'école. Pour ce faire, ils doivent se sentir en sécurité affective, considérés et cadrés. Et c'est certainement ce qu'il y a de plus difficile à réussir. Vous sentez la pression monter ? C'est normal parce que c'est vraiment important – genre, hyper important.

MIROIR, MON BEAU MIROIR, QUEL(LE) PROF SUIS-JE ?

✔ Dès les premiers jours de classe, prenez le temps de bavarder avec chaque élève, dans la classe, dans les rangs ou dans la cour. Connaître les passions de chacun, leurs sports préférés, le métier qu'ils veulent faire plus tard crée de la complicité. C'est un lien sur lequel vous allez vous appuyer ensuite. Enseigner, c'est rencontrer ses élèves.

✔ Laissez les enfants venir discuter avec vous lors des récréations. C'est peut-être davantage le cas en cycles 1 et 2. En début d'année, vous observerez que vos élèves ont naturellement besoin d'en savoir davantage sur vous.

- ✔ Racontez à votre tour des éléments de votre vie personnelle tout en restant bien sûr discret et pudique. Par exemple, faire part de votre pratique d'un sport, d'une discipline artistique ou d'une langue étrangère que vous maîtrisez.
- ✔ Racontez également des anecdotes de votre vie personnelle faisant écho à un apprentissage de la classe. Par exemple, une expérience lors d'un séjour à l'étranger, un souvenir d'enfance à l'école ou en centre de vacances.
- ✔ Habillez-vous avec une tenue correcte, ce qui n'exclut pas quelques fantaisies et envies particulières.
- ✔ Utilisez l'humour à bon escient. **VOTRE MISSION** en faisant sourire les enfants est de dédramatiser quelques situations. Décompresser à intervalles réguliers et de manière générale donne à la classe un climat plus léger. Toutefois, on évite les traits d'humour en début d'année scolaire, ce qui n'empêche pas de se montrer souriant, chaleureux et à l'écoute.

VOTRE CLASSE, CE HAVRE DE PAIX

- ✔ Proscrivez, dès le premier jour de classe, les moqueries, les remarques négatives d'un enfant envers un autre en cas d'erreur. Précisez que ce n'est pas l'esprit que vous souhaitez dans votre classe, et que vous attendez des élèves de l'entraide et de la solidarité. Attention, soyez vigilant et exigeant sur ce point. Un esprit de classe positif et serein est la base solide sur laquelle va reposer votre pédagogie.
- ✔ Invitez les enfants à s'entraider au maximum, dans un cadre fixé par vous. Par exemple, un enfant peut aider son voisin en lui réexpliquant une consigne ou en rappelant une procédure sans donner le résultat.
- ✔ Assumez de votre côté d'éventuelles erreurs. Par exemple, un mauvais résultat de votre part en mathématiques peut aider à mobiliser toute la classe.
- ✔ Montrez vos exigences sur la tenue des cahiers, des casiers ou des porte-manteaux.

FICHE 15

ORGANISER, RANGER, ORDONNER LA CLASSE

VOUS VENEZ RANGER AVEC NOUS ?

Bon, c'est bien beau de proposer plein d'activités, mais il ne faut pas oublier qu'une classe bien rangée, c'est une classe dans laquelle les enfants ont envie de donner le meilleur d'eux-mêmes. Oui, nous sommes des adeptes de l'ordre et de l'organisation ! Un bureau sur lequel traînent une pile de cahiers et un mug non lavé… et c'est le drame !

POSEZ LE CADRE

- ✔ **En début d'année scolaire,** échangez avec les élèves pour convenir ensemble des rituels d'organisation. Par exemple : « Où met-on son cahier du jour à la fin de la demi-journée pour qu'il soit corrigé ? », « Où se trouvera le petit matériel collectif de la classe (feutres, crayons de couleur, etc.) et peut-on s'y rendre à sa guise ? »
- ✔ **À la fin de chaque séance,** faites ranger le matériel individuel et collectif qui vient d'être utilisé.
- ✔ **Avant de donner les consignes** liées à la séance d'apprentissage suivante, veillez à ce que chaque élève ait une surface de travail propre.
- ✔ **À la fin de la journée,** faites ramasser les éventuels papiers qui traînent sous les tables.
- ✔ **Une fois par trimestre,** faites ranger la bibliothèque et les étagères de matériel collectif, trier les pots de feutres ou crayons. Organisez également un tri dans les vêtements qui traînent au pied des porte-manteaux.
- ✔ **Avant chaque période de vacances scolaires,** demandez aux enfants de nettoyer leur cartable et leur trousse, complétez ou faites compléter les stylos et/ou outils manquants.

DÉLÉGUEZ ET DONNEZ DES RESPONSABILITÉS

- ✔ **Avec les élèves,** échangez sur le rôle des enfants de service dans le rangement et l'organisation de la classe (fiche 39). Ils peuvent être chargés du nettoyage des tableaux, du ramassage et de la distribution des cahiers mais aussi d'aider les enfants qui ne parviennent pas à s'organiser.
- ✔ **À la fin de la semaine,** faites nettoyer chaque casier et ranger les éventuelles feuilles volantes au bon endroit. Proposez aux enfants de s'entraider. ***VOTRE MISSION*** est de favoriser la solidarité dans la classe. **Par exemple**, un enfant explique à un autre où ranger une feuille qui n'est pas à la bonne place ou à organiser ses livres et fichiers dans le casier.

QUESTIONS/RÉPONSES

Je crains de ne pas prévoir suffisamment de travail et d'activités pour le premier jour. Comment évaluer la quantité ?

Une journée de classe, c'est comme un repas avec des amis à la maison, mieux vaut prévoir un peu plus. Pratique : on garde les restes pour le lendemain. Par contre, on ne cherche pas à tout servir. Pour cette journée comme pour les autres, on avance au rythme des élèves. Le plus important est de faire connaissance, de créer un climat de classe confiant et sécurisant, pas de terminer la copie de la poésie sur la rentrée.

Et s'il pleut, que puis-je faire à la place d'une séance d'EPS le jour de la rentrée ?

Votre but est de connaître vos élèves. Une séance d'arts visuels simple, comme la conception d'étiquettes de porte-manteaux, est l'occasion de discuter avec chacun individuellement.

L'année dernière, lors de la première journée de classe en petite section, mes élèves ont beaucoup pleuré. Avez-vous une solution magique ?

La solution magique n'existe pas, malheureusement. Cependant, une fois les parents partis, organisez le plus rapidement possible une visite de l'école. Accompagné de l'ATSEM, on sort de la classe, on se promène dans les couloirs, on avance jusqu'aux autres salles de classe où se trouvent peut-être des grandes sœurs et des grands frères. Vous pouvez effectuer cette visite en chantant une comptine pour rendre le moment plus agréable.

Je crains que ma première séance d'EPS se passe mal, d'autant que c'est le premier jour en cycle 2/3. Que puis-je faire ?

On ne dira jamais assez tout le bien que l'on pense des activités physiques quotidiennes, pour les bienfaits du sport bien sûr mais aussi pour la concentration des élèves au retour de la séance. Pour cette première fois, on fait simple : balle aux prisonniers, balle au chasseur, courses de relais. Le but ? Sortir, bouger, prendre l'air et poursuivre la mise en place des règles collectives.

Si je suis trop sévère en début d'année, pour instaurer un cadre à la classe, les enfants ne risquent-ils pas de se braquer ?

Ce n'est pas de sévérité qu'il s'agit, mais d'exigence. Soyez exigeant sur la tenue des cahiers, la prise de parole, les éventuelles remarques déplacées chez certains élèves. Ne laissez rien passer, même si vous avez l'impression les premières semaines de passer votre temps à rappeler les règles. En même temps, souriez, soyez à l'écoute, encouragez et félicitez. Les enfants se sentiront bien s'ils perçoivent à la fois de la fermeté et de la bienveillance.

Puisque vous êtes à ce point obsédés par l'ordre, comment je fais pour organiser mes documents perso ?

N'en dites pas plus, voici la solution ! Créez sur traitement de texte un fichier par jour. Ainsi, les pages de cahier-journal sont à la fois sur papier et stockées sur le disque dur dans un dossier spécifique. Ces documents sont imprimés pour chaque journée de classe puis rangés dans le classeur qui officie de cahier-journal. Préparez également des dossiers par niveau de classe puis domaine d'enseignement. Par exemple : cycle 2/CE1/Lexique. Vous y enregistrerez vos séquences d'apprentissage, à raison d'un fichier par séquence, et les autres documents ressources (sons, vidéos, etc.).

Et pour l'organisation du matériel pédagogique ?

Sans vouloir insister, dès que vous imprimez des étiquettes pour un atelier de lecture en maternelle ou un jeu de mathématiques en cycle 2, prenez le temps de plastifier. En début de carrière, il faut se concocter sa propre banque d'activités dans laquelle on pourra piocher pour les années qui viennent. On les stocke dans des boîtes, on met l'étiquette qui va bien, et on ressent un certain plaisir, non ?

LA TO-DO LIST

- ❑ Dessiner le plan de la classe, puis bouger les meubles, organiser des coins, associer des tables (ou pas), changer le bureau de place et « pimper » les étagères.
- ❑ Cycle 1. Choisir et préparer les premiers rituels mis en place dès la rentrée : les présents et les absents, la météo du jour, le programme de la journée, le tableau des responsabilités, etc.
- ❑ Cycle 1. Préparer un répertoire et une playlist de chants, comptines et jeux de doigts.
- ❑ Cycle 1. Organiser un rendez-vous pour échanger avec l'ATSEM sur les méthodes de travail, l'organisation, etc.
- ❑ Cycles 2 et 3. Imprimer et photocopier des fiches d'activités en grande quantité qui seront à disposition des enfants pour leur cahier d'autonomie.
- ❑ Cycles 2 et 3. Préparer une série d'activités de transition prêtes à l'emploi en cas de besoin : chants, histoires courtes à lire, énigmes, etc.
- ❑ Remplir rigoureusement le registre d'appel qui doit être prêt dès le premier jour.
- ❑ Photocopier en plusieurs exemplaires la liste des élèves.
- ❑ Indiquer en tête d'une de ces listes : « Rencontres familles ». Au regard de chaque nom d'élève, cocher quand un échange a eu lieu, même rapidement, avec chaque parent. Essayer d'ici les vacances d'automne d'en rencontrer un maximum.

MES NOTES PERSONNELLES

3

AVOIR LA BONNE POSTURE

FICHE 16

ADOPTER LA BONNE POSTURE

PASSONS EN REVUE LES DIFFÉRENTES POSTURES DU PROF DES ÉCOLES...

Enseigner, c'est préparer et conduire des séances, mais pas que. C'est aussi accompagner en sortie une classe de trente élèves un lundi matin, danser au milieu du gymnase, s'émerveiller devant les dessins produits par chacun et nouer des lacets, beaucoup de lacets.

LE CADRE, TOUJOURS !

✔ Cadrez la classe de A à Z en optant pour une posture de contrôle. Le but ici est que tous les élèves suivent et appliquent vos indications à la lettre.

✔ Moments concernés : introduction d'une séance d'apprentissage, début du moment de regroupement en cycle 1, passation d'une consigne, annonce d'une règle de sécurité avant une sortie à l'extérieur.

AIDEZ DE MANIÈRE INDIVIDUELLE

✔ Apportez une aide individuelle ou collective de manière ponctuelle. **VOTRE MISSION**, dans cette posture d'accompagnement, est d'échanger avec les élèves de manière plus individuelle ou par petits groupes et de favoriser la réflexion pour réussir la tâche demandée.

✔ Moments concernés : période de différenciation avec un ou quelques élèves, travail en atelier en maternelle, suivi d'un groupe en EPS lors d'activités tournantes.

FAVORISEZ L'AUTONOMIE

✔ Indiquez le travail de la séance et laissez la classe chercher par elle-même. Cette posture de lâcher-prise permet de créer une confiance réciproque.

✔ Moments concernés : période où les enfants s'occupent seuls après un travail ou production d'une œuvre individuelle en arts visuels.

FORMULEZ, STRUCTUREZ ET FAITES DES DÉMONSTRATIONS

✔ La posture d'enseignement consiste à faire ce que l'élève ne peut pas encore faire tout seul. Les apports de l'enseignant sont ponctuels et surviennent à des moments spécifiques.

✔ Moments concernés : apport d'une technique en arts ou structuration d'une connaissance après une période d'expérimentation, par exemple sur la germination en maternelle.

JOUEZ AVEC LA CLASSE

✔ Utilisez votre voix dans la posture dite « du magicien ». Par exemple, modulez la voix en fonction du propos tenu, sans hésiter à mettre en scène et théâtraliser les situations pour cultiver la curiosité des élèves.

✔ Moments concernés : lecture d'une histoire, apprentissage d'un chant ou apport de structures et de lexique dans l'enseignement des langues vivantes.

ENCOURAGEZ LES ÉLÈVES

✔ Mettez en avant leurs réussites plutôt que leurs échecs. Cette posture vise à rassurer les enfants et ainsi, les encourager à essayer.

✔ Moments concernés : correction d'un cahier, observation d'une réalisation individuelle ou en petits groupes, félicitations à l'ensemble de la classe à la fin d'une séance d'apprentissage pour leur intérêt et leur attention.

BOÎTE À OUTILS

- Les postures enseignantes.
- Postures et gestes professionnels du conseil en entretien de formation.

www.lienmini.fr/227707-p55

FICHE 17

INSTALLER LE CALME DANS LA CLASSE

PARFOIS, À LA FIN D'UNE SÉANCE D'EPS OU D'ARTS VISUELS, C'EST UN PEU LA FÊTE À NEUNEU. ALORS, QU'EST-CE QU'ON FAIT ?

Dans certaines vidéos projetées en formation ou sur YouTube, on voit des élèves, en général une dizaine, tous calmes et silencieux dans une jolie salle de classe. Soyons honnêtes : les enfants peuvent être calmes, bien sûr, mais... pas toujours !

COMMENT ENTENDRE UNE MOUCHE VOLER DANS LA CLASSE ?

✔ Faites patienter les élèves devant la porte de la classe avant de les autoriser à entrer.

✔ Demandez le calme dès l'entrée en classe. Par exemple, si un élève continue de bavarder en regagnant sa place, il faut lui en faire la remarque. On peut lui demander de reprendre sa conversation à la récréation ou d'attendre le silence. Une fois tous les élèves installés, il pourra raconter à tout le monde ce qu'il était en train de dire à son camarade.

✔ Mettez en place des règles quant au volume sonore dans la classe. Au vu de l'efficacité relative des outils ou applications qui permettent de réguler le bruit, il est préférable d'énoncer les consignes en début d'année scolaire, d'en discuter avec les enfants et de les noter sur une affiche.

SANS MOUCHE, ESSAYEZ CES TECHNIQUES !

✔ Asseyez-vous sur une chaise ou mieux, un tabouret haut devant le tableau, face à la classe. Attendez quelques instants que les élèves se calment. Commencez à parler mais à voix basse pour contraindre la classe à se taire pour écouter.

✔ Patientez en regardant les élèves un par un, pour qu'ils prennent conscience qu'ils doivent écouter. **Pas de panique** : s'ils continuent de discuter, écrivez la consigne de travail du jour au tableau.

✔ Mettez en place un rituel de retour au calme. **Par exemple** : « À trois on se tait, 1... 2... 3... silence », un bruit à répéter comme un claquement de langue, un bruit de respiration ou un chuchotement.

✔ Utilisez la mascotte de la classe en petite section pour capter l'attention des élèves. En moyenne section, montrez le mot « chut » écrit au tableau. En grande section vous pouvez utiliser les feux tricolores au tableau, le rouge indiquant le silence.

✔ Exigez, en parlant avec fermeté, le silence immédiat dans la classe.

✔ Provoquez l'étonnement, puis l'intérêt. **Par exemple** : en abordant un sujet qui ne concerne pas directement les apprentissages. Évoquez l'actualité, donnez la parole à un enfant qui souhaite présenter un objet, aborder une question pratique. Petit à petit, vous remobiliserez ainsi les élèves par un temps d'échange « futile mais utile ».

✔ Appuyez-vous sur des exercices de respiration pour initier le retour au calme (fiche 24).

✔ Utilisez l'humour afin de capter l'attention des élèves. Une petite blague, une petite situation ludique, un jeu amusant au tableau comme un pendu sont autant d'idées pratiques pour recentrer les élèves vers vous.

✔ Déplacez-vous dans la classe. Ceci permet un retour au calme au fur et à mesure des passages près des élèves plus agités.

FICHE 18

ÊTRE VIGILANT SUR LES PREMIERS DÉBORDEMENTS

ON NE LAISSE RIEN PASSER.

Le cadre dans la salle de classe, c'est ce qui définit ce que vous acceptez ou pas. En début d'année scolaire, les élèves vont vous tester pour mettre votre autorité à l'épreuve et voir si justement, on peut sortir du cadre. Voici des exemples de ce qui peut se passer dans votre classe (la liste de l'angoisse !) et comment y faire face.

DES DÉBORDEMENTS EN TOUS GENRES

✔ Couper la parole à l'enseignant ou à un camarade.

✔ Prendre la parole sans lever le doigt.

✔ Bavarder plusieurs fois de suite.

✔ Ne jamais utiliser les formules : « bonjour », « merci » et « s'il vous plaît ».

✔ Employer régulièrement un ton agressif. Par exemple : un début de phrase commençant par une interjection ou une manière de s'exprimer qui ne correspond pas à ce qu'on attend d'un enfant qui s'adresse à un adulte.

✔ Ne pas regarder dans les yeux la personne à qui l'on s'adresse.

✔ Prendre trop de temps pour venir se ranger après la récréation.

✔ Dire « entrez » à la place de l'enseignant lorsque quelqu'un frappe à la porte.

✔ Ranger ses affaires et fermer son cartable avant le signal du prof.

✔ Laisser le fouillis s'installer dans le casier.

- ✔ Laisser des papiers traîner sous les tables en fin de journée.
- ✔ Oublier d'écrire (de manière consciente ou pas) les devoirs dans le cahier de texte.
- ✔ Montrer trop d'animosité envers les autres dans les jeux lors de la récréation ou en EPS.

UNE PROVOCATION ? VITE, UNE RÉACTION !

- ✔ Soyez très ferme durant les premières semaines de classe. Ne laissez rien passer, n'acceptez aucun écart, car c'est ainsi que l'on installe son autorité. Des enfants qui évoluent dans un cadre ferme avec des règles posées, expliquées, des limites à ne pas dépasser, sont des enfants qui se sentent en sécurité (fiche 19).
- ✔ Prévenez une fois, éventuellement deux, mais pas plus. Si on menace d'une sanction, on la donne, sinon on perd en crédibilité.
- ✔ Entretenez-vous individuellement avec l'élève qui pose des problèmes de comportement. Lors d'un temps informel comme celui de la récréation, échangez avec lui pour connaître les raisons de ses provocations et convenir de perspectives d'amélioration.

L'UTILITÉ DES BILANS

- ✔ Mettez en place une ou deux fois par mois des bilans de classe. Ces moments sont l'occasion de faire le point sur l'ambiance de classe, les points positifs et les éventuels écarts. Dans le cadre de cet échange collectif, veillez à ne pas nommer un enfant mais à bien rester dans une analyse générale.

FICHE 19

ÊTRE EXIGEANT

VOICI DE QUOI ENFILER UN GANT DE VELOURS SUR VOTRE MAIN DE FER.

Poser ses exigences dès le premier jour de classe, c'est mettre en place un cadre sécurisant dans lequel les élèves vont évoluer toute l'année. Votre mission est de vous imposer avec douceur et fermeté, sourire aux lèvres et sourcils froncés. Par facile, hein ?

FERME MAIS SOURIANT, DROIT ET JUSTE, COMME UN SUPER-HÉROS

✔ Saluez chaque élève à l'entrée de la classe afin qu'il vous salue à son tour. Ce premier échange de la journée instaure un rituel et assoit une exigence naturelle.

✔ Exprimez-vous de manière correcte, avec un langage adapté et des phrases bien construites.

✔ Exigez d'un enfant qu'il s'exprime à votre endroit avec un langage correct et sans véhémence.

✔ Faites preuve de fermeté. Soyez vigilant sur les écarts d'attitude, en particulier les deux premiers mois de l'année scolaire. Pour la gestion des premiers débordements, 👁 fiche 18.

✔ Recadrez tout manque de respect et toute moquerie envers un élève.

LA PROPRETÉ, LE MATÉRIEL : SOYEZ LIMITE MANIAQUE !

✔ Restez intransigeant concernant certains détails dans la classe qui permettent d'affirmer vos exigences. Par exemple, la tenue des casiers, le rangement des cartables, etc.

✔ Faites ramasser chaque soir les papiers sous les tables et demandez que le travail de l'agent d'entretien soit respecté.

✔ Corrigez chaque cahier et chaque copie. **VOTRE MISSION** est de ne pas laisser partir à la maison un texte avec des fautes.

✔ Faites ranger, à raison d'une fois par mois et par élève, le classeur et/ou le porte-vues où sont rangées ses leçons. Il est souvent ardu pour certains enfants de conserver dans l'ordre les traces écrites individuelles. Prendre le temps de ranger avec eux, de trier, de jeter, est une autre manière de poser vos exigences.

✔ Écrivez de manière rigoureuse au tableau avec des lettres droites et bien formées.

✔ Instaurez un climat serein, empreint de respect mutuel entre toutes les personnes de la classe. Exigence doit rimer avec confiance. Parler avec un élève, prendre de ses nouvelles, l'aider, participe à l'installation d'une certaine autorité.

FICHE 20

BIEN UTILISER SA VOIX

ON DÉGAINE NOS TIPS POUR BIEN UTILISER SA VOIX ET SURTOUT, LA MÉNAGER.

Tout au long de la journée, vous parlez. Vous donnez des consignes, racontez des histoires, arbitrez une balle aux prisonniers, chantez en anglais ou hurlez devant la photocopieuse parce que votre collègue de CM1 s'est encore sauvé en laissant la machine en panne.

AVANT LA CLASSE, ON S'ÉCHAUFFE

✔ Enregistrez votre voix pendant la lecture d'un texte. Écoutez ensuite le fichier audio pour analyser le volume de votre voix, son débit, votre articulation et l'utilisation des silences. **VOTRE MISSION** est de prendre du recul, de pouvoir ajuster et améliorer votre prise de parole.

✔ Échauffez votre voix avant l'arrivée des élèves. **Par exemple** : se masser les joues, bâiller, ouvrir et fermer votre mâchoire plusieurs fois, tirer la langue le plus lentement possible ou encore souffler en prononçant le son *tssssss*.

PENDANT LA CLASSE, ON Y VA MOLLO

✔ Au moment de l'arrivée des élèves, lorsque vous les saluez, prenez le temps d'écouter votre voix. Assurez-vous qu'elle soit claire. Si vous ressentez une gêne ou des picotements, c'est qu'elle n'est pas bien placée. **Pas de panique** : continuez de saluer les élèves en variant son intensité jusqu'à ce que vous vous sentiez plus à l'aise.

✔ Gérez le débit de votre prise de parole. Veillez à trouver le bon rythme. En début de matinée, assurez-vous de parler calmement pour ne pas fatiguer votre voix, mais de manière suffisamment rythmée et enjouée pour embarquer les élèves.

✔ Proscrivez le « Shttttttt... » pour inviter les élèves à parler moins fort. C'est ajouter du bruit au bruit. Privilégiez le faible volume. C'est une règle de base : plus on élève la voix, plus les élèves parleront fort.

✔ Modulez et jouez avec votre voix. **Par exemple** :

- pour donner une consigne : on parle lentement, en faisant des pauses ;
- pour conduire une séance d'apprentissage d'une langue étrangère : on parle un peu plus fort, on surjoue ;
- pour animer un atelier de peinture en maternelle : on s'exprime avec une voix basse et on veille à ce que chaque enfant ait le temps nécessaire pour parler.

✔ Utilisez les silences. Des pauses régulières dans vos interventions laissent le temps aux élèves d'assimiler vos propos. De votre côté, cela vous permet d'observer leurs réactions et de vous ajuster au besoin.

✔ Laissez du temps de parole aux enfants. En général, on parle beaucoup trop en classe. Pour gagner du temps ou être plus efficace, on s'exprime à la place des élèves. Demandez-vous si ce que vous alliez dire pourrait être expliqué par un ou plusieurs enfants.

✔ Appuyez sur certains mots. **Par exemple**, si vous souhaitez ancrer chez vos élèves de maternelle le mot « plantation », articulez-le doucement et faites-le suivre d'un silence.

✔ Buvez régulièrement de l'eau. Vos cordes vocales ont besoin d'être hydratées.

BOÎTE À OUTILS

- Bien utiliser sa voix.
- Dossiers prévention – la voix.

www.lienmini.fr/227708-p63

FICHE 21

JOUER, EMPORTER SON PUBLIC

LE PROF, CE COMÉDIEN, CE STAND-UPPER.

Dans votre classe, vous jouez la comédie. Face à votre public, il vous faut captiver, raconter, dramatiser et parfois même surjouer. Comme sur un plateau de théâtre, il faut aussi savoir se mettre en retrait, se faire plus discret et écouter. Voici nos conseils pour embarquer les élèves du début à la fin de la journée.

VOTRE PUBLIC ARRIVE ET S'INSTALLE

✔ Saluez l'ensemble des élèves au début de la matinée. Tels ceux prononcés par un comédien de stand-up qui rejoint son micro, ces premiers mots sont importants ; ils doivent montrer de l'enthousiasme et témoigner de votre envie de commencer cette journée de travail.

✔ Motivez les enfants. On évite de commencer une journée en faisant sortir le cahier du jour pour y écrire la date. Il faut « chauffer son public » ! Par exemple : faire rappeler les projets en cours ou le contenu de la future séance d'EPS. **VOTRE MISSION** est d'insuffler de l'énergie positive avant de débuter les apprentissages.

CHAUFFEZ VOTRE PUBLIC

✔ Poursuivez ce début de matinée en demandant aux enfants comment ils vont. Saisissez une réaction pour la transformer en moment de langage oral où vous serez en posture d'écoute. Par exemple : « Maîtresse, hier au centre social, on a fait notre représentation de danse hip-hop ! » Écoutez le témoignage de cette élève, sollicitez quelques réactions et surtout, montrez une écoute active.

✔ Circulez régulièrement dans la salle de classe, du tableau aux rangs du fond, pour diffuser votre présence et créer une proximité physique avec tous les élèves.

✔ Positionnez-vous à l'opposé d'un élève à qui vous donnez la parole. Si vous interrogez un enfant qui est assis à côté de la porte d'entrée, placez-vous près de la fenêtre au fond de la classe. Ainsi, vous l'obligez à s'exprimer à haute voix. Si vous restez à côté de lui, il ne parlera qu'à vous et ne se fera pas entendre de ses camarades.

JOUEZ VOTRE RÔLE DE PROF, BIENTÔT LA PALME D'OR !

✔ Tenez-vous droit.

✔ Regardez les enfants dans les yeux.

✔ Osez, avec parcimonie, un peu d'humour. Une remarque légère, une blague, une anecdote drôle racontée par vous ou par un élève entre deux séances d'enseignement permet de décompresser et contribue à faire de la classe un lieu convivial dans lequel on se sent bien.

✔ Jouez juste : mettez en cohérence votre attitude physique et l'intensité de votre voix selon votre posture d'enseignant.

- **La posture haute :** vous vous assurez d'être vu et entendu de tous. Le corps droit, vous vous exprimez avec une voix forte et un débit lent. Avec quelques gestes emphatiques, des jeux de regard, des mimiques et des silences, vous dramatisez pour capter l'attention.
- **La posture medium :** assis au même niveau que les élèves, en général un petit groupe, vous créez de la proximité en vous exprimant avec un volume sonore plus faible. Plus discret, vous laissez la parole s'installer.
- **La posture basse :** en retrait, vous vous faites discret et ne vous exprimez presque pas. Vous manifestez votre présence au sein des groupes de travail en circulant, en observant le travail en cours, en valorisant ce qui est produit.

FICHE 22

ENSEIGNER SANS PRESSION

IL FAUT AUSSI PRENDRE SOIN DE VOTRE PETIT CORPS DE PROF.

La journée, on est à l'école. Le soir, on corrige et on prépare. Le week-end, on cherche des documents et on peaufine de futures séquences d'apprentissage. Pendant les vacances, on ramasse des coquillages pour un prochain bricolage. Bref, on pense à ses élèves partout et tout le temps. Alors, quand est-ce qu'on décroche ?

PAS DE PRESSION À L'ÉCOLE

- ✔ Soyez présent suffisamment tôt à l'école, afin d'être prêt pédagogiquement et matériellement avant l'arrivée des élèves.
- ✔ Prenez le temps d'échanger avec les élèves en début de journée. **VOTRE MISSION** est de créer un climat convivial avant d'entrer dans les apprentissages.
- ✔ Évitez d'enchaîner les séances les unes après les autres. Le risque serait de vous mettre dans un état de stress et donc de stresser vos élèves.
- ✔ Adaptez-vous au rythme des élèves. Par exemple, certains jours les élèves sont moins concentrés que d'autres. Si le programme de la journée n'est pas terminé, ce n'est pas un drame.
- ✔ Résistez à la tentation de clôturer le programme à tout prix. Privilégiez la qualité à la quantité. Par exemple, il est préférable que les élèves maîtrisent parfaitement la conjugaison des verbes à l'imparfait et au présent plutôt que de connaître vaguement cinq temps différents.

- ✔ Ne vous comparez pas aux autres collègues de l'école. Chacun a son expérience et ses pratiques. Vous êtes très bien comme vous êtes.
- ✔ Notez dans votre cahier-journal les questions qui vous taraudent. Vous les poserez à votre inspecteur lors d'une prochaine visite.

PAS DE PRESSION À LA MAISON NON PLUS

- ✔ Anticipez vos préparations. Pendant les vacances scolaires, travaillez quelques jours puis éteignez l'ordinateur pour déconnecter suffisamment avant la reprise des cours.
- ✔ Restez mesuré dans votre engagement. Ne vous lancez pas dans la préparation d'un spectacle audacieux, une semaine en classe verte et un cadeau de fête des parents sur une seule période.
- ✔ Fuyez les groupes WhatsApp où les collègues parlent de la classe hors des horaires de travail ! Utilisez votre adresse mail professionnelle. Vous ne la consulterez pas, sauf urgence, le week-end. Vous avez le droit de vous déconnecter.
- ✔ Enlevez de votre téléphone les notifications des applications professionnelles. Instagram oui, l'ENT non.
- ✔ Pratiquez très régulièrement une activité sportive, et pas seulement avec les enfants pendant l'EPS !

QUESTIONS/RÉPONSES

Je rencontre des difficultés en début d'après-midi. Mes élèves sont plus agités que le matin et beaucoup ne m'écoutent pas.

On peut ritualiser les débuts d'après-midi pour éviter d'avoir à donner des consignes. De retour en classe, les enfants savent que vous allez lire une histoire, qu'ils vont lire seuls pendant 15 minutes ou qu'ils doivent travailler en ateliers tournants. La ritualisation est souvent très efficace.

Que faire si un élève n'écoute toujours pas ?

Dans ce cas, il faudra sévir et vous faire entendre. Avant cela, posez-vous la question de la nécessité de hausser le ton. Si c'est le cas, on interpelle l'élève par son prénom de manière forte et intelligible, sans crier. Cela fonctionnera si vous le faites à de rares occasions. Il ne faut pas habituer les élèves à vous entendre « crier ». Un haussement de voix de votre part doit être exceptionnel.

Les élèves sont concentrés quelques minutes mais ça ne dure jamais longtemps. Très vite, j'ai de l'agitation et des bavardages. Que puis-je faire ?

En début d'année, on évite le travail en groupes qui est souvent source d'agitation. Un travail en binômes jusqu'aux vacances d'automne, c'est déjà très bien. On peut aussi prévoir des séances d'apprentissage plus courtes, avec entre elles des pauses actives et des transitions (👁 fiches 25 et 28).

Quelles punitions sont autorisées en cas de débordements ?

Pour répondre aux débordements des élèves, on met en place des punitions à condition qu'elles soient pédagogiques. Elles sont utilisées lors d'incidents mineurs comme des bavardages incessants. On évite de donner des lignes à copier et on préfère la rédaction d'un court texte qui permet à l'enfant de réfléchir à la portée de ses actions. On peut supprimer une partie de la récréation (et une partie seulement) à condition que l'enfant ne reste pas seul et toujours sous la surveillance des adultes. Une punition a ses limites : elle ne doit pas constituer une brimade et doit être suivie d'un échange entre l'enfant et l'adulte lors duquel seront abordées les améliorations souhaitées en termes de comportement.

Plusieurs élèves de ma classe de moyenne section ne veulent pas ranger les jouets. Que puis-je mettre en place ?

Pour motiver les élèves à ranger, vous pouvez mettre en place un petit challenge. Par exemple, leur expliquer qu'il faut que tout soit rangé avant la fin de la « chanson du rangement ». N'hésitez pas à les aider et les encourager dans cette tâche, ils le prendront comme un jeu. Si un enfant est récalcitrant, vous devez vous montrer plus ferme en annonçant qu'il ne pourra pas jouer à un jeu s'il ne range pas. Dans ce cas-là comme dans d'autres, si vous annoncez une chose, vous devez impérativement vous y tenir.

Un groupe d'élèves dans ma classe de moyenne section se dépêche de terminer son travail en atelier pour aller jouer. Est-ce que je peux leur demander de recommencer le rangement même s'ils sont encore petits ?

Bien sûr. L'un des objectifs de l'école maternelle est d'apprendre aux enfants à devenir élèves. On explique que le travail fourni peut être de meilleure qualité, on donne à nouveau la consigne et on « fait avec » quelques minutes avant de laisser à nouveau ce groupe d'élèves en autonomie.

Je suis de nature réservée et pas très expansive. Je ne parviens pas encore à dramatiser quand je raconte une histoire ou à surjouer un peu. Que puis-je faire ?

On conduit sa classe avec sa personnalité. Le but est d'être naturel. Privilégiez le sourire. On ne sourit jamais assez aux enfants. Le sourire permet de créer du lien avec vos interlocuteurs et montre votre ouverture d'esprit et votre empathie. Par effet miroir, il attire la sympathie chez vos élèves mais aussi leurs parents.

Je suis stressé quand j'arrive à l'école le matin et mon ambiance de classe s'en ressent. Que puis-je faire pour être plus détendu ?

Il existe des exercices de respiration à effectuer avant de quitter votre domicile. Respirez lentement, en prenant une grande inspiration pendant 3 secondes, retenez l'air dans vos poumons pendant 12 secondes, puis expirez doucement pendant 6 secondes. Renouvelez plusieurs fois pour une durée de 5 minutes. Cet exercice de cohérence cardiaque permet de réguler les émotions.

Je mange à l'école le midi pour corriger et avancer dans mes préparations. Je débute donc mon après-midi de travail assez tendu.

C'est normal car vous ne vous êtes pas accordé de pause. Ménagez-vous un moment de recentrage sur vous-même pendant 5 minutes. Allez marcher ou méditez en pleine conscience en écoutant une musique relaxante.

LA TO-DO LIST

- ☐ Se fixer un objectif par journée. Par exemple : « Aujourd'hui, je serai très vigilant sur les premiers débordements et je ne laisserai rien passer. »
- ☐ Proposer pendant une semaine une manière différente de démarrer l'après-midi : un moment d'échange convivial, une histoire, un jeu de lettres au tableau.
- ☐ Obtenir un moment de silence de 4 à 5 minutes d'affilée au mois de septembre.
- ☐ Obtenir au fil des semaines et des mois des moments de silence de plus en plus importants.
- ☐ Passer un week-end complet sans interroger les mails professionnels et sans consulter le groupe WhatsApp de l'école.
- ☐ Noter trois façons de s'exprimer de manière non verbale : moue de mécontentement, regard complice, doigt devant la bouche, etc. Les mettre en place lors d'une même journée de classe.
- ☐ Noter trois manières d'utiliser sa voix : chuchotement, utilisation du silence, articulation prononcée, etc. Comme pour la situation précédente, employer ces différents registres lors d'une même journée de classe.

MES NOTES PERSONNELLES

4

CONDUIRE DES SÉANCES

FICHE 23

DÉMARRER SA JOURNÉE DE CLASSE

ON COMMENCE DOUCEMENT ET ON ACCÉLÈRE PETIT À PETIT.

C'est comme les premières minutes d'une représentation théâtrale ou les premières pages d'un roman : au commencement de la journée de classe, il faut captiver le public, apprécier rapidement le niveau d'intérêt du groupe et de ses individus, et monter en énergie avant la première séance d'apprentissage.

AU CALME, AVANT LA BATAILLE

- ✔ Allumez l'ordinateur, ouvrez les applications et les fichiers dont vous aurez besoin pour vos séances.
- ✔ Assurez-vous que les photocopies et documents pédagogiques ainsi que le matériel nécessaire aux activités sont prêts.
- ✔ Écrivez au tableau les exercices ou extraits de textes nécessaires aux apprentissages de la journée.

UN PEU DE JOIE ET DE TRALALA

- ✔ Saluez chaque élève par son prénom en le regardant.
- ✔ Échangez, en cycle 1, quelques mots avec les parents qui déposent leur enfant dans la classe. Par exemple, est-ce qu'il mange à la cantine ? Est-il inscrit à la garderie après la classe ?
- ✔ Laissez les élèves, toujours en cycle 1, jouer dans les coins prévus à cet effet, puis indiquez le moment du regroupement à l'aide d'un signal musical.
- ✔ Débutez la journée par un « bonjour » collectif. Cela permet de marquer le moment où enfants et adulte(s) se retrouvent tous pour commencer les apprentissages.

✔ Prenez des nouvelles. Un simple « Comment allez-vous ce matin ? » permet de montrer votre intérêt et laisse l'espace nécessaire à celles et ceux qui souhaitent s'exprimer. Ainsi, la journée commence par un moment convivial.

✔ Remplissez le registre d'appel et notez le cas échéant les motifs d'absence.

ET C'EST PARTI !

✔ Explicitez le programme de la journée en invitant les enfants à se projeter dans les apprentissages à venir. Par exemple, qu'a-t-on travaillé en lecture hier et qui est à poursuivre aujourd'hui ?

✔ Utilisez éventuellement une affiche ou un *paperboard* sur lequel figure la liste des domaines d'enseignement de la classe. Proposez à un élève d'y pointer une matière puis faites-lui rappeler le contenu actuellement travaillé en classe. **VOTRE MISSION** est de permettre à chacun de passer du statut d'enfant à celui d'élève.

✔ Proposez ensuite une activité ritualisée, c'est-à-dire une situation d'apprentissage courte, régulièrement conduite auprès de vos élèves. Ils en connaissent la consigne, le déroulement et les savoirs en jeu. Voici des idées pour les cycles 2 et 3 :

- calcul sur ardoise, devinette ou énigme mathématique, décomposition d'un nombre ;
- reprise d'un chant déjà appris, dialogue avec une marionnette dans une langue étrangère enseignée dans la classe ;
- dictée de syllabes ou de mots sur ardoise, jeu de lexique pour retravailler une compétence ;
- métier ou objet à deviner, lecture offerte.

BOÎTE À OUTILS

- Ressources pour l'oral, activités ritualisées.
- L'appel, un rituel pour construire le nombre.
- Les rituels de ma classe de CE1-CE2.

www.lienmini.fr/227709-p77

FICHE 24

INSTAURER DES EXERCICES DE RESPIRATION

ON INSPIRE PROFONDÉMENT… ET ON EXPIRE DOUCEMENT.

Vous venez de conduire une séance d'apprentissage et, pluie de paillettes sur vous, elle a très bien fonctionné. Faut-il profiter de ce très bon niveau de concentration des élèves pour enchaîner avec la suivante ? Et si on soufflait un peu, plutôt ? Juste quelques minutes avant de passer à la suite… Voici quelques exercices de respiration à placer quand vous le souhaitez dans la journée.

LE GÂTEAU D'ANNIVERSAIRE

✔ Demandez à chaque élève de mettre une main devant soi, paume vers le ciel, comme s'il portait un gâteau. Expliquez que sur ce gâteau se trouve une bougie, puis donnez cette consigne : « Prenez une grande inspiration et soufflez doucement sur la bougie pour faire danser la flamme sans l'éteindre. » **VOTRE MISSION** lors de ce type d'activité est d'apprécier le silence qui petit à petit s'installe dans la classe. Faites répéter plusieurs fois.

LA MAIN QUI RESPIRE

✔ Proposez à chaque enfant de placer la main droite ouverte devant soi. Invitez-le ensuite, avec l'index de sa main gauche, à remonter le long du pouce de la main droite en inspirant doucement. Une fois en haut, descendre jusqu'au creux entre le pouce et l'index en expirant lentement. Répétez l'exercice pour chaque doigt de la main : on monte en inspirant et on descend en expirant.

LE SERPENT

✔ Invitez les enfants à s'asseoir sur leur chaise de sorte que leur dos soit bien droit. Demandez à ce que chacun pose ses mains sur l'abdomen, puis proposez d'inspirer profondément par le nez pendant 4 secondes en ressentant la manière dont leur ventre se gonfle. Ensuite, faites expirer par la bouche le plus longtemps possible en imitant le bruit du serpent.

LE MOULIN À VENT

✔ Faites imaginer un petit moulin à vent dans une main, puis expliquez : « On ferme les yeux et on souffle doucement pour que les ailes du moulin tournent. » Invitez les enfants à arrêter de souffler pour reprendre de l'air, tout en leur demandant d'imaginer que les ailes tournent encore. Renouvelez plusieurs fois jusqu'à ce que la classe soit calme.

FICHE 25

ANIMER DES PAUSES ACTIVES

IL Y A DES VIRGULES DANS LES PHRASES. IL Y A AUSSI DES VIRGULES DANS VOTRE JOURNÉE DE CLASSE.

Nous venons d'inspirer, expirer, pour faire tomber la pression… Maintenant, on se lève, on bouge et on saute, les bras levés, les pouces en avant, et tic et tac et tic et tac ! Voici quelques idées d'activités physiques très courtes, nommées « pauses actives ». Comme les exercices de respiration, on les utilise à bon escient, au bon moment, et tic et tac.

BON D'ACCORD, MAIS C'EST QUOI AU JUSTE ?

✔ Les pauses actives ne remplacent pas les séances d'EPS. Leur but est de diminuer le stress dans la classe, en proposant un moment de dépense physique pour ensuite mieux se concentrer.

✔ Anticipez ce moment dans votre cahier-journal. Il s'articule toujours en trois temps : un échauffement des articulations, des muscles et du système cardiovasculaire, la pratique puis la relaxation et les étirements.

ET CONCRÈTEMENT, ÇA SE PASSE COMMENT ?

✔ Prévoyez une durée de 5 à 10 minutes.

✔ Initiez le départ de ce temps de pause active par un signal sonore. À son écoute, les enfants ont pour consigne de se déplacer à l'endroit convenu (dans les allées, en fond de classe, etc.). ***VOTRE MISSION*** est d'instaurer un point d'ancrage qui déclenche le début de l'activité.

- ✔ Faites enchaîner différents exercices d'étirements : courir sur place, monter les genoux, lever les bras pour se grandir au maximum.
- ✔ Proposez de danser en reproduisant des mouvements avec ou sans vidéo, avec ou sans musique, initiés par un élève ou vous-même.
- ✔ Faites mimer des actions figurant sur des cartes spécifiques ou annoncées par un élève. **Par exemple** : lancer un disque, voler entre deux nuages, creuser avec une pelle.
- ✔ Faites reproduire un mouvement initié par un élève, mais uniquement si l'affirmation qu'il donne à la classe est vraie. **Par exemple** : « Touche tes pieds si les poissons volent », « Mets-toi sur la pointe des pieds si 11 + 12 égale 23 ».
- ✔ Proposez de courir sur place le plus vite possible pendant 20 secondes, en levant bien les genoux.
- ✔ Faites tenir en équilibre sur une jambe, puis sur l'autre pendant 20 secondes.
- ✔ Faites deviner un animal mimé par un enfant, puis reproduire collectivement ce mouvement.
- ✔ Choisissez un verbe d'action parmi ceux notés sur une affiche : sauter, courir sur place, tourner, marcher, sautiller, trottiner.
- ✔ Invitez deux élèves à venir devant le tableau. Un premier propose un mouvement, le second lance un dé. Le résultat obtenu impose le nombre de répétitions de ce mouvement pour toute la classe.
- ✔ Concluez cette séance de pauses actives en proposant un ou plusieurs exercices de respiration (fiche 25).

BOÎTE À OUTILS

- Les pauses actives – trois circuits clés en main.
- 150 idées d'activités physiques à faire en classe avec vos élèves.

www.lienmini.fr/227710-p81

FICHE 26

DONNER DES CONSIGNES ET INTRODUIRE UNE SÉANCE

VOTRE INTRODUCTION SERA LA CERISE SUR VOTRE GÂTEAU PÉDAGOGIQUE.

Imaginez : vous préparez une séance d'apprentissage incroyable. Elle est riche, pertinente, composée subtilement de travaux de groupe, d'une synthèse anticipée et d'activités de différenciation pédagogique. Mais votre consigne est mal expliquée et votre séance se transforme en catastrophe.

D'ABORD, ON NE SE PRESSE PAS

- ✔ Instaurez, au terme de la séance d'apprentissage que vous venez de conclure, un temps court où les enfants peuvent se libérer intellectuellement. Avant de passer à la suite et donc de donner une nouvelle consigne, il est nécessaire que vous fassiez « baisser la pression » (fiche 28).
- ✔ Demandez aux élèves, après ce temps de transition, de ranger le matériel qui se trouve sur leur table et qui a été utilisé lors de la séance précédente. Au fur et à mesure de l'année, les enfants comprendront que cette phase de rangement annonce une prochaine séance.

ENSUITE, ON INSTAURE UNE TRANSITION

- ✔ Abordez un sujet inattendu. Par exemple : une information sur une sortie à venir ou une anecdote sur la vie de l'école. Cet échange est l'occasion de travailler le langage oral, mais aussi de capter l'attention des élèves sur un sujet léger.

- ✔ Concluez cette partie quand vous estimez le niveau de concentration des élèves suffisant.

ENFIN, ON DÉMARRE LA NOUVELLE SÉANCE

- ✔ Annoncez la consigne en explicitant le domaine d'apprentissage dans lequel cette future séance s'inscrit. Écrivez-la sur une fiche de préparation de sorte qu'elle corresponde à l'objectif et qu'elle n'induise pas de confusion.
- ✔ Veillez à ce que cette consigne soit simple. **Par exemple** : « Vous allez associer des étiquettes par deux. Chaque paire doit être formée de deux mots antonymes. » **VOTRE MISSION** est de proposer une consigne porteuse de sens et qui fasse comprendre en quelques mots la tâche à effectuer.
- ✔ Marquez un silence, puis abordez la deuxième partie de votre consigne : « Quand vous aurez terminé, il restera une étiquette qui sera le mot joker à découvrir. »
- ✔ Faites reformuler la consigne par un enfant puis proposez à certains de poser une question pour vérifier la compréhension.
- ✔ Terminez par les détails pratiques qui permettent de fixer le cadre de travail : « Je vais former des binômes. Vous allez travailler par deux pendant 10 minutes. Nous corrigerons ensemble et nous validerons le mot joker tous ensemble à la fin de l'activité. »
- ✔ Écrivez, si vous l'estimez nécessaire, la consigne au tableau et lancez l'activité.
- ✔ Interrompez le travail de recherche si vous estimez que la consigne n'était pas assez claire. Reformulez, vérifiez la compréhension, puis proposez aux enfants de se remettre au travail.

BOÎTE À OUTILS

- Travailler la compréhension des consignes écrites.
- Les consignes, vers un enseignement plus explicite.
- Rendre les consignes ludiques pour motiver les élèves.
- Comment rédiger des consignes claires en 10 étapes.
- Différencier une consigne.

www.lienmini.fr/227711-p83

CONCLURE UNE SÉANCE

C'EST LE MOMENT DE CONCLURE, ET NOUS PARLONS TOUJOURS DE PÉDAGOGIE, PAS DE VOTRE DATE TINDER.

Vous avez réussi à introduire votre séance d'apprentissage par une consigne claire et précise ? Bravo ! Maintenant, nous allons tenter de la conclure avec brio. Un moment qu'il est préférable d'anticiper lors de la préparation pour éviter que votre séance s'achève par un : « Bon bah voilà, vous pouvez aller en récréation. »

TOUT EST QUESTION DE TRANSITION...

- ✔ Reprenons l'exemple de la fiche 26. Vous devez signaler, pendant le moment de recherche où les enfants sont en train d'associer des étiquettes par deux, le temps qu'il reste avant de conclure l'activité. Ceci permet aux enfants de s'organiser avant de passer à la prochaine étape de votre séance, de revoir leur organisation et de se projeter dans la suite.
- ✔ Au moment de conclure, invitez les enfants à cesser leur activité, à ne plus toucher le matériel et à tourner leur regard vers vous.
- ✔ Vérifiez qu'aucun enfant ne soit dos à vous ou à ses camarades.

UN PETIT BILAN POUR TIRER PROFIT DE LA SÉANCE

- ✔ Questionnez les enfants pour connaître leur ressenti.
  Par exemple : « Avez-vous trouvé cette activité difficile ? », « Comment vous êtes-vous organisés dans votre binôme ? »
  Ce moment n'est pas lié à l'objectif de votre séance, mais permet de recentrer l'attention de tous. Ainsi, on évite de passer

directement du moment de recherche en binôme au temps de synthèse avec l'ensemble de la classe.

- ✔ Énoncez la forme que prendra le temps de synthèse qui va suivre. Par exemple, il peut s'agir d'une correction collective au tableau à l'aide d'étiquettes qui seront à déplacer. Dans ce cas, précisez quelle en sera l'organisation : « Un enfant viendra associer deux mots au tableau et devra justifier son choix. Chacun pourra commenter en levant le doigt, puis nous validerons la réponse ensemble. »
- ✔ Profitez de ce moment de synthèse pour relever des échanges entendus par vous lors du travail de recherche et qui seraient profitables à toute la classe.
- ✔ Relevez des éventuelles difficultés ou apportez des informations complémentaires.
- ✔ Validez ou faites valider les bonnes réponses, valorisez les réussites, rappelez que les erreurs produites sont sources d'apprentissage.
- ✔ Demandez si des éclaircissements sur une information donnée pendant la séance sont nécessaires.
- ✔ Évitez la question : « Est-ce que vous avez compris ? » qui en général s'avère assez vaine.
- ✔ Faites expliciter par un ou plusieurs ce qui a été appris lors de cette séance. **VOTRE MISSION** est de faire synthétiser les apprentissages qui étaient en jeu. Par exemple : « Nous avons vu que deux mots signifiant le contraire l'un de l'autre sont des antonymes. »
- ✔ Procédez à la construction de la trace écrite de votre séance : une affiche rédigée collectivement, une fiche mémo collée dans le cahier de français, etc.
- ✔ Concluez en précisant quelle suite sera donnée à cette séance : un approfondissement avec un corpus de mots plus difficiles ou une écriture de texte avec quelques-uns des mots utilisés lors de cette séance.

FICHE 28

PROPOSER DES TRANSITIONS ENTRE LES SÉANCES

ENSEIGNER, C'EST AUSSI L'ART D'ENCHAÎNER SUBTILEMENT DEUX SAVOIRS (C'EST BEAU, HEIN ?).

Vous êtes en formation avec vos collègues. L'intervenante déroule sa présentation, parle sans discontinuer et enchaîne les slides de son PowerPoint. D'accord c'est intéressant, mais vous auriez besoin d'une petite pause, non ? En classe, c'est pareil. Après une séance, les enfants ont besoin de se « vider la tête » avant de la remplir à nouveau. Voici nos idées pour décompresser.

ANTICIPEZ ET DIVERSIFIEZ

✔ Notez sur votre cahier-journal ces transitions entre les séances. En les anticipant, vous éviterez les moments de flottement ou d'éventuels débordements.

✔ Diversifiez les modes de transition dans la journée. En les alternant, vous évitez la routine et proposez ainsi aux enfants des situations différentes. Surprenez-les, vous capterez plus facilement leur attention.

✔ Cadrez ces temps transitoires. Expliquez aux enfants qu'un espace d'une dizaine de minutes est accordé s'il s'agit d'un temps de travail en autonomie, et annoncez la nature de la prochaine séance.

DES TRANSITIONS LÉGÈRES, AÉRIENNES, PRESQUE INVISIBLES

✔ Faites ranger les surfaces de travail.

✔ Ouvrez les fenêtres quelques minutes pour renouveler l'air.

✔ Modifiez la luminosité de la classe, en tirant un rideau ou en éteignant une partie des néons. **VOTRE MISSION** est de changer l'atmosphère de la pièce avant de passer à la séance suivante.

DES TRANSITIONS COURTES, LUDIQUES, CONVIVIALES

✔ Procédez à des exercices de respiration (fiche 24) ou mettez en place une pause active (fiche 25).

✔ Donnez des informations sur une actualité de la classe. **Par exemple**, une prochaine sortie ou la fête de l'école. Instaurez un court temps d'échange sur le sujet abordé.

✔ Interprétez une chanson.

✔ Récitez une poésie.

✔ Lisez une histoire.

✔ Invitez les enfants à se plonger dans leur cahier d'autonomie. Cet outil, mis en place en début d'année, compile des fiches de type mots croisés, énigmes à résoudre, etc.

✔ Proposez une activité ludique collective. Il peut s'agir du « Jeu du pendu », du « Qui est-ce ? » ou du « Nombre mystère ».

✔ Faites le point sur le programme de la journée : ce qui est fait, ce qui reste à faire.

✔ Faites noter un devoir dans le cahier de texte.

FICHE 29

DIFFÉRENCIER SA PÉDAGOGIE

LE MOT FAIT PARFOIS PEUR, MAIS N'AYEZ CRAINTE. DIFFÉRENCIER, ÇA PEUT ÊTRE TRÈS SIMPLE.

Élèves, nous avons tous connu ce moment où nous ne comprenions pas grand-chose à ce qu'expliquait le prof. Souvenez-vous de son cours sur l'utilisation de l'équerre. Vos élèves sont comme vous : parfois il leur faudra un peu plus de temps pour comprendre, et pas seulement l'intérêt d'utiliser une équerre. On appelle ça la différenciation pédagogique.

AVANT LES APPRENTISSAGES

✔ Choisissez le ou les élèves de votre classe à qui proposer des activités différenciées. Le choix s'opère en fonction des difficultés rencontrées lors de séances précédentes ou des résultats à des évaluations.

✔ Notez les prénoms de ces élèves dans votre cahier-journal et veillez à ce que votre attention se porte régulièrement sur chacun d'eux.

✔ Rappelez à certains élèves ce qui a été vu précédemment.

✔ Lisez ou faites relire une trace écrite pour se remémorer les acquis.

PENDANT LES APPRENTISSAGES

✔ Réduisez la longueur d'une tâche à effectuer. Par exemple : trois vers à copier lors de l'écriture d'une poésie, le reste étant fourni sur un document photocopié.

✔ Fournissez du matériel de manipulation, ce qui permet aux enfants de se représenter concrètement la situation. Par exemple, pour le problème : « Laura a 18 cartes au début de la récréation. Elle en perd 6. Combien lui en reste-t-il à la fin de la récréation ? », proposez à un ou plusieurs élèves de trouver la solution à l'aide de vraies cartes.

✔ Permettez l'utilisation de ressources : affichages, cahiers, classeurs de règles, etc.

✔ Écrivez sous la forme d'une « dictée à l'adulte ». L'enfant verbalise la phrase attendue et vous l'écrivez à sa place sur son cahier. **VOTRE MISSION** est d'expliciter ce que vous êtes en train de faire. Veillez à ce qu'il observe et interagisse avec vous.

APRÈS LES APPRENTISSAGES

✔ Invitez un élève qui a terminé son travail à venir en aide à un autre enfant. Dans ce cas, il est important de s'entretenir avec ce « tuteur » sur les points de vigilance dans le cadre de ce type de collaboration :

- on demande à l'autre enfant s'il veut de l'aide ;
- on observe son travail ;
- on lui demande d'expliquer la consigne et on essaie de trouver avec lui le blocage éventuel ;
- on donne des indices sans donner la solution.

✔ Donnez la parole aux enfants qui ont bénéficié d'une activité différenciée pour expliquer ce qu'ils ont compris lors de la séance. Mettre des mots sur des notions en cours d'acquisition aide à l'assimilation.

BOÎTE À OUTILS

• Mise en œuvre de la différenciation pédagogique.

www.lienmini.fr/227712-p89

FICHE 30

GÉRER UNE CLASSE À PLUSIEURS NIVEAUX

CHEZ LES PLAYMOBIL, UNE SALLE DE CLASSE A UN NIVEAU ET 5 ÉLÈVES. DANS LA VRAIE VIE, C'EST LÉGÈREMENT DIFFÉRENT.

C'est un travail de chef d'orchestre, mais sans la baguette ! Conduire une classe avec plusieurs niveaux, c'est mettre au diapason différents groupes, faire en sorte que tout s'accorde, et sans fausse note.

PROGRAMMES ET ORGANISATION DE LA CLASSE

✔ Veillez, si les différents niveaux de votre classe ne relèvent pas du même cycle, au respect des programmes officiels et des volumes horaires dans la conception des progressions et de votre emploi du temps (👁 fiches 2 et 3).

✔ Attribuez une zone précise pour chaque niveau dans la classe. Pour autant, lors de séances qui concernent tous les enfants, proposez un changement de place temporaire de sorte à mixer les groupes.

D'ABORD, ON S'INTÉRESSE À TOUTE LA CLASSE

✔ Prévoyez, dans l'écriture de votre cahier-journal, les séances que vous conduirez et celles où les élèves d'un autre niveau travailleront en autonomie. **Par exemple** : vous menez une séance d'apprentissage sur la découverte de la multiplication avec vos CE1 pendant que les élèves de CP travaillent seuls sur leur fichier.

ENSUITE, ON S'OCCUPE DE CHAQUE NIVEAU

- ✔ Explicitez la période pendant laquelle vous allez travailler avec un groupe pendant qu'un autre sera en autonomie. Par exemple : « Je suis avec les CP pendant 20 minutes pour la découverte d'un texte. Les CE1, je vous demande de travailler seuls pendant cette période. Ensuite, je serai avec vous, nous corrigerons ensemble et je répondrai à toutes vos questions. »
- ✔ Circulez dans la classe. Même si vous travaillez avec vos élèves de CP, déplacez-vous à côté des élèves de CE1 pour montrer votre présence, répondre à deux ou trois questions et aider certains élèves.
- ✔ Proposez en cycle 1 des ateliers tournants comprenant des activités adaptées aux différents niveaux de classe.
- ✔ Formez vos élèves à être autonomes. Veillez à ce que vos consignes soient claires. Faites rappeler régulièrement les outils mis à disposition dans la classe (classeur de règles, dictionnaire, etc.).
- ✔ Mettez en place un porte-vues d'autonomie. Quand un élève a terminé son travail, il choisit une fiche de travail parmi une collection mise à sa disposition au fond de la classe. Il la complète et la dépose dans un bac dédié. Une correction de votre part avec un retour individuel permet de valoriser ce travail effectué en autonomie.

ENFIN, ON S'INTÉRESSE À NOUVEAU À TOUTE LA CLASSE

- ✔ Systématisez dans l'emploi du temps, à jours et heures fixes, des moments où tous les élèves travaillent ensemble. Ces rendez-vous ritualisés permettent de créer un esprit de classe et constituent des repères sécurisants.
- ✔ Réunissez l'ensemble des élèves pour un moment commun au moins une fois par demi-journée. Dans ce cadre, proposez un changement de place et veillez à ce que les enfants de niveaux différents collaborent. Par exemple : des séances communes en arts visuels, EPS, musique, récitation d'une poésie, lecture offerte, un débat en éducation morale et civique et dans l'enseignement d'une langue vivante.

FICHE 31

PRODUIRE DES TRACES ÉCRITES

ON PARLE, ON ÉCHANGE, ON RACONTE. TOUT CELA EST TRÈS INTÉRESSANT MAIS IL FAUDRAIT L'ÉCRIRE QUELQUE PART.

Votre séance d'apprentissage est une réussite. Intérieurement, vous vous dandinez de plaisir parce qu'elle était à la fois bien construite et conduite avec talent. Ce serait dommage de rater le moment de la trace écrite, ce moment où l'on « institutionnalise » le savoir.

UNE TRACE ÉCRITE D'ACCORD, MAIS LAQUELLE ?

✔ Anticipez quelle sera la forme de la trace écrite au début de la séquence d'apprentissage. Elle doit être adaptée aux savoirs en jeu et correspondre à ce qui a été travaillé lors des séances. Une trace écrite est la conclusion de la réflexion et des productions des élèves.

✔ Faites simple. **VOTRE MISSION** est de proposer un temps de réalisation de la trace écrite qui ne soit pas chronophage. Par exemple : lors d'une séance de recherche, les enfants associent des mots étiquettes de sorte à créer des paires d'antonymes. Validées collectivement, ces étiquettes associées peuvent constituer une partie de la trace écrite, à condition qu'elles soient accompagnées d'une définition simple.

✔ Proposez à un groupe d'élèves de préparer sur une affiche une trace collective reprenant les principales notions étudiées lors d'une séquence d'apprentissage.

Par exemple : trois enfants peuvent être chargés de tracer la carte d'un nombre (ci-dessous) qui sera ensuite affichée après votre correction.

✔ Veillez, comme pour les autres documents de la classe, à ce que chaque trace écrite soit corrigée rigoureusement.

UN LARGE ÉVENTAIL DE CHOIX...

✔ Variez les traces écrites selon les compétences travaillées et les domaines d'enseignement. Il peut s'agir :

- d'un résumé de quelques lignes construit collectivement et rédigé par l'enseignant au tableau. Il sera recopié sur le cahier ou saisi sur traitement de texte puis distribué lors de la prochaine séance ;
- d'un texte à trous : préparé par vous, ce résumé court est remis aux élèves. Ils devront retrouver certains mots que vous avez ôtés au préalable ;
- d'une carte mentale : elle est construite collectivement, par deux ou individuellement sur une carte mentale vierge ou une feuille de papier libre. Elle permet de résumer de façon imagée une notion étudiée ;
- d'une corolle lexicale : au centre de la fleur se trouve un mot inducteur, par exemple : « peur ». Dans chaque pétale, un adjectif qui pourra être utilisé dans la rédaction d'un texte : « horrible », « menaçant », « terrible », etc. ;
- d'un schéma légendé : en début d'année scolaire, il peut s'agir de tracer des flèches et d'écrire le vocabulaire sur un croquis. Ensuite, le schéma sera entièrement réalisé ;
- d'une carte d'un nombre : écrire un nombre au centre d'une affiche, puis tout autour les différentes manières de le traduire. Par exemple : 459 : 400 + 50 + 9 / 4 centaines 5 dizaines 9 unités / 4c 5d 9u / quatre-cent-cinquante-neuf.

FICHE 32

ÉVALUER LES ÉLÈVES

ON S'ARRÊTE ET ON PREND LE TEMPS DE VÉRIFIER SI AMBRE A COMPRIS L'ACCORD DE L'ADJECTIF.

Pour vérifier si les élèves maîtrisent un peu, beaucoup ou passionnément les compétences travaillées lors d'une séance d'apprentissage, on organise un temps d'évaluation au terme de celle-ci. En fin de trimestre ou de semestre, on complète les livrets scolaires numériques remis aux parents. Faisons un point sur les différents types d'évaluation en classe.

ALLEZ, UN PETIT DIAGNOSTIC POUR COMMENCER

✔ Concevez votre document d'évaluation avant la préparation de la séquence d'apprentissage (👁 fiche 5). Par exemple, si vous travaillez sur les mots de la même famille, définissez précisément vos attendus : savoir classifier des mots de la même famille, connaître la définition de « radical », « préfixe » et « suffixe » et savoir les identifier dans des mots.

✔ Effectuez une évaluation diagnostique avant la préparation de votre séquence d'apprentissage. Ce moment permet de faire le point sur les connaissances et les compétences déjà maîtrisées par les enfants.

ON ENCHAÎNE AVEC QUELQUES INTERMÉDIAIRES

✔ Procédez en cours de séquence à des évaluations intermédiaires qui vous permettent de mesurer les progrès des élèves. Ainsi, vous pourrez repérer les enfants qui ont besoin d'une aide différenciée. **Pas de panique**, un petit exercice sur le cahier du jour consistant, par exemple, à regrouper des mots par famille est suffisant pour mesurer les progrès de chacun.

✔ Proposez en fin de séquence l'évaluation conçue lors de la préparation. Son contenu peut être divers (exercices, phrases à produire, questions, etc.), le plus important étant de proposer aux élèves un contenu déjà travaillé en classe.

✔ Gardez à l'esprit que l'évaluation de votre séquence d'apprentissage doit être simple et positive. Simple pour que les élèves et leurs parents puissent s'y retrouver. Positive pour qu'elle soit un temps d'apprentissage où les progrès seront mis en valeur.

POUR TERMINER EN BEAUTÉ, ET POSITIVEMENT

✔ Corrigez individuellement ou collectivement pour analyser les erreurs, les demandes d'éclaircissement. **VOTRE MISSION** est que votre dispositif d'évaluation se fasse dans un cadre de confiance entre vous et les enfants.

✔ Indiquez sur chaque document d'élève un retour sur son travail. Des remarques positives, des conseils pour s'améliorer sont autant de moyens de féliciter et d'encourager. Ainsi, votre évaluation sera à la fois positive et formative.

✔ Saisissez régulièrement sur le livret scolaire numérique les compétences en cours d'acquisition.

✔ Sollicitez votre directrice ou directeur pour connaître les usages de l'école concernant la périodicité de saisie et de remise des livrets aux parents.

✔ En cycle 1, on mesure les progrès des élèves avec deux outils : le carnet de suivi des apprentissages ainsi que la synthèse des acquis de l'élève, établie à la fin de la dernière année du cycle 1. Le carnet de suivi peut revêtir différentes formes et permet de garder la trace sur un temps long, à l'aide d'observations individuelles, des progrès de chaque enfant. Des critères observables sont définis avec les collègues du cycle 1. Ce carnet de progrès est remis régulièrement aux parents.

BOÎTE À OUTILS

• Suivi et évaluation des apprentissages à l'école maternelle.

• Modalités d'évaluation des acquis scolaires des élèves.

• Le livret scolaire.

www.lienmini.fr/227713-p95

QUESTIONS/RÉPONSES

Mes élèves de CM2 ne sont pas toujours intéressés par les exercices de respiration. Comment les motiver ?

Régulièrement, il faut expliquer pourquoi ces moments de relaxation sont nécessaires : ils contribuent à retrouver le calme, après la récréation ou une séance d'EPS. Renouvelez régulièrement les situations pour surprendre et captiver les enfants. Il existe des dizaines d'activités de ce type disponibles sur Internet. Enfin, vous pouvez proposer à un enfant de conduire la séance. Pour ce faire, vous convenez tous les deux de ce qui sera proposé. Souvent, les élèves connaissent des exercices de respiration ou de relaxation parce qu'ils en pratiquent dans leur club sportif.

Que faut-il faire après une séance de relaxation ?

Prévoyez une activité qui ne soit pas trop intense physiquement ou intellectuellement. Vous pouvez proposer un temps d'écriture, la copie d'une phrase ou la récitation d'une poésie. L'idée est de combiner un moment de relaxation avec une séance d'apprentissage calme, de manière à obtenir un temps combiné qui permette le repos de l'esprit.

J'ai remarqué que même si ma séance d'apprentissage s'est bien passée, les élèves sont souvent énervés au moment de coller la trace écrite ou de terminer un exercice. Comment puis-je avoir leur attention jusqu'au bout ?

Ce n'est pas très gênant si le volume sonore augmente au moment où les enfants rangent une feuille dans leur classeur. Il faut savoir tolérer un peu d'agitation, surtout s'ils ont été concentrés pendant la séance. Vous retrouverez le calme ensuite. Un petit truc cependant : pensez à bien donner toutes vos consignes concernant la trace écrite, ce qu'il faut écrire, l'endroit où la ranger, etc., avant de distribuer les feuilles. Une fois que les élèves de service se lèvent pour donner les documents à leurs camarades, on n'espère même plus faire passer une information importante.

Après les ateliers en autonomie avec mes CM1 et CM2, je passe beaucoup de temps à récupérer leur attention pour la prochaine séance d'apprentissage. Comment faire ?

Voici quelques étapes qui peuvent vous aider.
Précisez aux enfants, lorsqu'ils travaillent individuellement dans leur cahier d'autonomie, combien de temps il reste avant de passer à la suite. Vous pouvez convenir d'un signal sonore, d'une musique agréable qui indique aux enfants le moment du regroupement en collectif. Demandez à ce que chacun porte son regard vers vous. On peut utiliser ce type de phrase : « Est-ce que tout le monde me regarde ? », « Puis-je avoir vos yeux dans les miens ? » Enfin, initiez un très court bilan du temps de transition qui vient de s'achever : « Où en êtes-vous dans votre cahier d'autonomie ? », « Quelles sont vos activités préférées ? »

Quand je travaille avec mes élèves de GS, mes CP me dérangent régulièrement pour me demander de l'aide. Comment faire ?

Utilisez une signalisation qui indique avec quel niveau de classe vous travaillez. **Par exemple**, sur une bande cartonnée, faites glisser une flèche sous l'étiquette correspondante : GS ou CP. ***VOTRE MISSION*** est de faire comprendre aux enfants si vous êtes disponible ou non.

Il y a souvent du bruit dans le groupe des élèves qui travaillent seuls et cela me dérange…

C'est tout à fait compréhensible. En gardant l'exemple des GS et des CP, si ces derniers sont en autonomie, pensez tout de même à vous déplacer vers eux le plus régulièrement possible même si vous conduisez une séance avec vos GS. Ils sentiront votre présence et vous pourrez intervenir individuellement pour aider rapidement un ou plusieurs élèves.

Mes élèves utilisent peu les traces écrites en classe. Que puis-je mettre en place pour qu'ils sortent eux-mêmes leur classeur ?

Il faut inviter très souvent les enfants à recourir aux traces écrites. Régulièrement, faites trier et ranger le classeur de leçons. Et puis, lors de la réunion de rentrée, expliquez aux parents où se trouvent les différentes traces écrites.

Je n'ai pas beaucoup de place dans ma classe pour les affichages…

Optimisez en accrochant certains écrits collectifs à des crochets ou des cintres à pince. Prévoyez un espace pour les affichages en français et un autre pour les mathématiques. Les traces écrites liées à la découverte du monde et à l'enseignement des langues apparaîtront à un autre endroit.

Ne multipliez pas les affichages collectifs, au risque de surcharger les murs de la classe et de créer de la confusion chez certains élèves. Préférez organiser une rotation régulière de ces traces écrites collectives en fonction de l'évolution de vos séquences d'apprentissage.

LA TO-DO LIST

- ❑ Cycles 2 et 3 : introduire une situation de recherche où les élèves travaillent en binômes.
- ❑ Au moins une fois par semaine, démarrer la journée de classe par un échange avec les élèves sur un sujet léger.
- ❑ Instaurer des exercices de respiration différents chaque jour de la semaine.
- ❑ Noter et mettre en place trois transitions différentes par jour.
- ❑ En cas de classe à plusieurs niveaux, programmer un temps commun à tous les élèves par demi-journée.
- ❑ Mettre en place au moins une pause active par jour.
- ❑ Conclure au moins une fois par demi-journée les séances par : « Qu'avons-nous appris pendant cette séance ? »

MES NOTES PERSONNELLES

5

EMMENER SA CLASSE À L'EXTÉRIEUR

FICHE 33

GÉRER LES DIFFÉRENTES PARTIES DE LA RÉCRÉATION

BONNE NOUVELLE, C'EST L'HEURE DE LA RÉCRÉATION !

Vous allez pouvoir souffler, sauf si vous êtes de service. Dans le langage des enseignants, « être de service » signifie que vous n'aurez pas de récréation. Juste quelques secondes pour passer par la case toilettes, et vous voilà de surveillance dans la cour.

AVANT DE PARTIR EN RÉCRÉATION

- ✔ Rappelez ou faites rappeler les règles et attendus liés à la récréation. Renouvelez ces rappels au retour de chaque période de vacances scolaires. Par exemple, le passage aux toilettes, les jeux autorisés, la conduite à tenir et les personnes à prévenir en cas de problème.
- ✔ Écrivez en début d'année ces règles sur une affiche. Elle constituera une référence pour la classe pour le reste de l'année.
- ✔ Nommez des chefs de rang. 👁 la fiche 39 sur les rôles et les responsabilités que l'on peut donner aux enfants.
- ✔ Rappelez régulièrement que les déplacements dans le couloir doivent s'effectuer dans le calme. Au besoin, si vos élèves sont trop bruyants lorsqu'ils avancent vers la cour de récréation, exigez qu'ils fassent demi-tour et qu'ils effectuent à nouveau le même déplacement dans le calme.

PENDANT LA RÉCRÉATION

- ✔ Respectez la durée de 30 minutes en école maternelle et de 15 minutes en école élémentaire. Procédez à des allers-retours dans la cour pour surveiller les élèves. Aucun enfant ne doit être hors du champ de vision d'un adulte.
- ✔ Montrez éventuellement une présence plus accrue auprès des élèves turbulents.
- ✔ Réglez les problèmes éventuels. la fiche 43 sur la résolution des conflits entre élèves.
- ✔ Abstenez-vous d'utiliser votre téléphone portable si vous êtes de service.

APRÈS LA RÉCRÉATION

- ✔ Attendez les élèves au point de rassemblement indiqué. N'arrivez pas après eux, sans quoi les premiers débordements risquent de se produire.
- ✔ Laissez les élèves se ranger, sous le contrôle des chefs de rang.
- ✔ Reprenez la main sur les rangs si les élèves ne se rangent pas de manière autonome.
- ✔ Entamez une conversation informelle avec un groupe d'élèves, pour créer du lien et instaurer de la convivialité.
- ✔ Exigez le calme avant de vous diriger vers la classe.
- ✔ Surveillez, selon les habitudes de l'école, les temps de passage aux toilettes.
- ✔ Demandez le silence avant de rentrer dans la classe.
- ✔ Procédez régulièrement au bilan de la récréation en mettant en avant les points positifs et ceux qui sont à améliorer.

FICHE 34

CONNAÎTRE LES DIFFÉRENTS TYPES DE SORTIE

AVANT D'ENFILER UNE VESTE POLAIRE BIEN MOCHE, ON FAIT LE POINT SUR LA RÉGLEMENTATION !

On peut sortir de l'école pour différentes raisons : se rendre au gymnase de l'autre côté de la rue pour une séance d'EPS, monter dans le bus direction le musée voisin, ou partir trois jours en classe découverte à plusieurs centaines de kilomètres.

LA SORTIE RÉGULIÈRE

✔ Un déplacement régulier s'effectue dans le cadre d'un enseignement inscrit à l'emploi du temps. Il se déroule pendant le temps scolaire. Par exemple, une séquence d'athlétisme pour laquelle vous emmenez les élèves au stade de la commune à quelques centaines de mètres de l'école. **VOTRE MISSION** est de compléter une autorisation de sortie. Ce document vous est fourni par la direction de l'école qui validera votre demande.

LA SORTIE OCCASIONNELLE SANS NUITÉE

✔ Vous partez avec votre classe visiter un musée ou assister à un spectacle au centre social voisin. Cette sortie s'effectue pendant les horaires habituels de l'école. **VOTRE MISSION**, comme pour la sortie régulière, est d'obtenir l'autorisation préalable de la direction de l'école à l'aide du document d'autorisation de sortie. Dans ce cadre, l'autorisation parentale n'est pas nécessaire. Rédigez tout de même à l'attention des parents une courte information sur le cahier de texte ou l'ENT.

LA SORTIE OCCASIONNELLE AVEC NUITÉE

✔ Vous êtes au bord de la mer pour quelques jours et vous séjournez dans un centre de vacances. Cette sortie s'effectue dans le cadre d'un projet pédagogique en lien avec les apprentissages de la classe. **VOTRE MISSION** est d'obtenir l'autorisation préalable de l'inspection d'académie. Pour ce projet important, il est préférable de réunir les parents. Vous pourrez ainsi leur apporter des informations pratiques et pédagogiques sur la sortie. Une autorisation écrite de leur part reste bien évidemment obligatoire.

FICHE 35

PRÉPARER LE TROUSSEAU DE MATÉRIEL

NOUS AVONS UNE MAUVAISE NOUVELLE : VOUS PARTEZ EN SORTIE SCOLAIRE.

Votre collègue se jette sur vous à la récréation et vous propose d'organiser une sortie au musée de la Broderie. Deux questions s'imposent. La première : qu'allez-vous emporter dans votre sac à dos ? La seconde : mais qu'a-t-il bien pu se passer dans sa tête pour imaginer cette sortie et surtout, pourquoi avez-vous accepté ?

QU'EST-CE QU'ON MET DANS SON SAC À DOS ?

✔ Pointez les autorisations parentales.

✔ Vérifiez les assurances responsabilité civile/individuelle (accidents corporels) des élèves qui participent au voyage.

✔ Réunissez dans une pochette une copie des fiches de renseignement. Photographiez chaque fiche avec votre téléphone portable.

✔ Préparez une trousse de secours contenant : pansements compressifs, pansements adhésifs hypoallergéniques, sparadrap, compresses stériles individuelles, bandes de gaze, sérum physiologique, désinfectant en spray, pack de froid instantané, paire de ciseaux, pince à échardes, thermomètre frontal, gants jetables et couverture thermique.

✔ Vérifiez l'existence et la validité des projets d'accueil individualisé (PAI). Ce document décrit les adaptations à apporter à la vie d'un élève pour compenser au mieux ses troubles de santé. Par exemple, agrandir la police d'écriture pour les élèves avec des problèmes de vue.

- ✔ Récupérez, pour les enfants sujets à une maladie de courte durée, les différents médicaments. Exigez pour chaque prescription médicale l'ordonnance du médecin et une autorisation individuelle d'administration. Les médicaments sont à conserver avec vous le temps du séjour dans un endroit privé.
- ✔ Mettez à jour, avant le départ, la liste des enfants participants, ainsi que les coordonnées des parents.

QU'EST-CE QU'ON EXPLIQUE AUX ÉLÈVES ?

- ✔ Annoncez au début de l'année scolaire les sorties ou voyages scolaires déjà programmés. Donnez l'information aux enfants mais aussi à leurs parents lors de la réunion d'information à la rentrée.
- ✔ Dressez avec les enfants le contenu du sac à dos individuel quelques jours avant le départ. **Par exemple** : pour un cycle piscine, lister collectivement et écrire au tableau ce qu'il convient d'emporter – une serviette, un maillot de bain, un nécessaire de toilette (avec un peigne ou une brosse), un sac pouvant contenir le maillot de bain mouillé et une tenue de rechange. Cette liste sera fournie aux parents sur le mot d'information distribué avant le début du cycle piscine.
- ✔ Adoptez la même démarche en cas de voyage scolaire avec une ou plusieurs nuitées. **Pas de panique**, on vous a préparé la liste de ce qu'il faut emporter : t-shirts, pulls ou polaires, pantalons ou jeans, veste chaude, tenue de pluie, sous-vêtements, chaussettes, pyjama, sac à linge sale, paire de baskets et paire de chaussons. Ajoutez également une trousse de toilette contenant : gel douche, shampoing, brosse à dents, dentifrice, brosse à cheveux, gant de toilette et serviette de bain, crème solaire et chouchous si besoin.

BOÎTE À OUTILS

- Protocole national sur l'organisation des soins et des urgences dans les écoles.
- Poursuite de la scolarité avec des traitements médicaux particuliers (PAI).

www.lienmini.fr/227714-p109

ASSURER LA SÉCURITÉ EN SORTIE

PRIORITÉ NUMÉRO 1 : ASSURER PARTOUT ET TOUT LE TEMPS LA SÉCURITÉ DES ÉLÈVES.

Vous partez avec votre classe à la piscine ? Sortir de l'école, se rendre à l'arrêt de bus, traverser le parking, marcher jusqu'au centre aquatique, retrouver le slip de Jules qui s'est perdu quelque part entre le bassin et la cabine, tout est sous votre responsabilité.

MIEUX VAUT PRÉVENIR QUE GUÉRIR

- ✔ Rappelez les règles de sécurité à respecter scrupuleusement lors d'une sortie. Par exemple : les élèves sont obligatoirement rangés par deux. Ils ne peuvent se déplacer qu'au signal de l'enseignant.
- ✔ Assurez-vous que le taux d'encadrement soit respecté. Pas de panique : si l'encadrement du personnel n'est pas atteint, vous pouvez solliciter les parents afin qu'ils vous accompagnent lors des différentes sorties.
- ✔ Constituez des petites unités d'enfants accompagnées chacune d'un adulte référent. **VOTRE MISSION** est de faciliter la gestion des élèves. Notez les groupes ainsi composés sur des fiches qui seront remises à chaque responsable. Veillez à ce que chaque enfant identifie son responsable.
- ✔ Ayez un téléphone portable chargé et en bon état de fonctionnement pour pouvoir joindre ou être joignable.
- ✔ Munissez-vous d'une trousse à pharmacie. 👁 son contenu en fiche 35.

TAUX D'ENCADREMENT MINIMAL DES ÉLÈVES DE MATERNELLE, QUEL QUE SOIT LE TYPE DE SORTIE SCOLAIRE			
Jusqu'à 16 élèves		**Au-delà de 16 élèves**	
Deux adultes dont l'enseignant de la classe		Un adulte supplémentaire pour 8 élèves	
TAUX D'ENCADREMENT MINIMAL DES ÉLÈVES D'ÉLÉMENTAIRE			
Sorties scolaires sans nuitée		**Voyages scolaires**	
Jusqu'à 30 élèves	**Au-delà de 30 élèves**	**Jusqu'à 24 élèves**	**Au-delà de 24 élèves**
Deux adultes dont au moins un enseignant	Un adulte supplémentaire pour 15 élèves	Deux adultes dont au moins un enseignant	Un adulte supplémentaire pour 12 élèves

- ✔ **Comptez les enfants avant de partir, puis lors des différentes étapes de la sortie : à la montée dans le bus, à la descente et très régulièrement.**

ON RESTE VIGILANT, TOUT LE TEMPS

- ✔ **En cas de déplacements en bus, les enfants doivent se ranger deux par deux et monter calmement chacun à leur tour par la même porte. Assurez-vous qu'un adulte soit à l'intérieur avant les enfants, tandis qu'un autre reste à l'extérieur pour le comptage et fermer la marche. Vérifiez que les ceintures de sécurité soient bouclées. Donnez l'autorisation de partir au chauffeur. À la descente du bus : un adulte sort et réceptionne les enfants en les comptant, tandis qu'un autre ferme la marche en s'assurant que le bus est vide. Mettez-vous d'accord avec le chauffeur du bus sur l'heure et le lieu du retour.**
- ✔ **Rangez les enfants deux par deux lors des déplacements à pied et répartissez les adultes dans le rang, côté route. Un adulte ouvre la rangée et un autre la ferme. Vérifiez l'heure régulièrement afin de ne pas prendre de retard pour le bus et les visites.**

BOÎTE À OUTILS

- Organisation des sorties et voyages scolaires dans les écoles, les collèges et les lycées publics.

www.lienmini.fr/227715-p111

CONDUIRE UNE SÉANCE D'EPS

C'EST LE MOMENT DE BOUGER, COURIR, SAUTER ET SUER. VOUS AVEZ CONFIANCE EN VOTRE DÉO ?

Ce petit pantalon de survêtement acheté en seconde main… Mais si, le vert avec des bandes bleues. Voilà… Vous l'aimez ce pantalon, non ? Eh bien il est temps de l'extirper du fond de l'armoire où il dort depuis des années, parce que c'est le moment de faire une séance d'EPS !

AVANT LA SÉANCE

✔ Prévoyez pour le cycle 1 une séance d'une durée de 20 à 30 minutes. Si l'activité s'y prête, une organisation en plusieurs ateliers permet une gestion fluide du groupe.

✔ Explicitez l'intérêt de votre séquence d'apprentissage aux élèves : quel est l'intérêt de pratiquer ce sport ? Quels seront les bienfaits physiques pour le corps et pour le mental ? Quelles compétences allons-nous travailler ?
VOTRE MISSION est de donner du sens à l'activité.

✔ Sollicitez un ou plusieurs enfants qui connaissent le sport pratiqué et proposez-leur de prendre la parole pour expliquer les règles et donner des conseils.

✔ Introduisez votre séance d'apprentissage en classe et non pas sur le lieu de l'activité. Ainsi, vous aurez plus de confort et de facilité pour donner les consignes. Par exemple, à l'aide d'aimants que vous déplacez au tableau ou d'un *paperboard* sur votre TNI, expliquez les règles de base du déplacement au basket.

✔ Abordez, avant le départ pour l'activité, les questions liées à la sécurité.

PENDANT LA SÉANCE

✔ Rappelez ou faites rappeler les règles avant le démarrage de la séance. Demandez au besoin à un enfant une démonstration.

✔ Constituez les équipes. **VOTRE MISSION** est de faire en sorte que les mêmes enfants ne soient pas toujours choisis en premier ou en dernier.

✔ Choisissez une option pour répartir les élèves :

- alignement en face de vous : attribuez à chaque enfant un numéro de 1 à 4, puis invitez les porteurs du numéro 1 à se réunir, puis du numéro 2 à faire la même chose, etc. ;
- choix des étiquettes dans un panier.

✔ Attribuez des rôles aux élèves. Ces responsabilités seront endossées par différents enfants à chaque séance. Il peut s'agir :

- de l'arbitrage d'une partie ;
- de l'organisation ou du rangement du matériel ;
- de l'échauffement.

✔ Instaurez un temps d'échauffement d'au moins 10 minutes.

✔ Rappelez régulièrement les consignes. **Par exemple**, dans le cadre d'une séance de motricité en cycle 1, indiquez qu'il faut attendre son tour, se placer à la dernière place de la file après une action et attendre pour démarrer le parcours que l'élève précédent ait terminé.

✔ Interrompez régulièrement l'activité pour procéder à un bilan intermédiaire : comment s'est déroulé votre atelier ou ce match ? Qu'est-ce qui était intéressant ? Quels points peuvent être améliorés ?

APRÈS LA SÉANCE

✔ Faites ranger le matériel par les élèves.

✔ Rassemblez les élèves pour effectuer un retour au calme.

✔ Organisez un échange pour effectuer un bilan.

✔ Systématisez le déroulement de votre séance d'EPS en ritualisant ces six étapes (consignes, échauffement, pratique, bilans intermédiaires, retour au calme et bilan final).

FICHE 38

METTRE EN PLACE LES APQ

ON GARDE SES BASKETS AUX PIEDS ET ON CONTINUE À FAIRE SUER SON PETIT CORPS DE PROF.

Vous avez bien transpiré avec les élèves sur le terrain de sport en EPS ? On prend une douche, on se change et on saute de nouveau dans ses baskets ! Voici venu le moment des 30 minutes d'activité physique quotidienne (APQ).

INTÉGREZ LES APQ DANS LA JOURNÉE DE CLASSE

- ✔ Faites en sorte que les élèves puissent avoir 30 minutes d'activité physique par jour. **Pas de panique** : vous n'avez pas l'obligation de le faire en une seule fois. Répartissez ces périodes d'APQ sur la journée, avec une totale liberté quant à l'organisation, le lieu et le contenu.
- ✔ Expliquez aux parents lors de la réunion de rentrée les bienfaits de ce dispositif pour la santé.
- ✔ Concernant le cycle 1, ces activités physiques quotidiennes ne s'appliquent pas : les enfants bénéficient déjà d'une trentaine de minutes de motricité par jour.

BOÎTE À OUTILS

- Généralisation des 30 minutes d'activité physique quotidienne (APQ) à l'école primaire.
- 30 minutes d'activité physique quotidienne.

www.lienmini.fr/227753-p114

ORGANISEZ LES APQ

✔ Pour ce faire, proposez du contenu adapté à votre enseignement et à votre école.

✔ C'est un vrai moment de lâcher-prise, avec des activités qui contribuent aux dépenses physiques quotidiennes nécessaires.

✔ Utilisez des pauses actives. la fiche 25 où vous trouverez plusieurs suggestions.

✔ Proposez des déplacements actifs dans la classe ou dans l'école :

- marcher dans la classe ou dans la cour ;
- sautiller sur place de gauche à droite ;
- sauter en l'air ;
- reproduire des pas de danse ;
- courir sur place ;
- faire des squats ;
- se déplacer à cloche-pied ;
- faire de la corde à sauter.

✔ Mettez en place des mini-activités sportives avec le matériel de l'école. Voici quelques idées pour bien démarrer l'année :

- 1, 2, 3 lancez !
- 1, 2, 3 soleil !
- Air running
- Balle au mur
- Bouge avec ta chaise
- Courir sur place
- Tabata
- Jeu des renards
- La course de chevaux
- Le haka
- Les bondisseurs
- Le Mölkky
- L'épervier
- Le chat et les souris
- Ultimate
- Le yoga des animaux
- Le petit train
- Cordes à sauter
- Jacques a dit
- Bingo bouge
- Le lièvre et la tortue

QUESTIONS/RÉPONSES

En ce moment, il pleut toute la journée. Est-ce que je peux réduire le temps de récréation ?

Il est possible et préférable d'adapter la durée de récréation aux conditions météorologiques. Si vous en avez la possibilité, mettez en place ce temps de pause en intérieur, par exemple en classe en prévoyant des activités ou en vous arrangeant avec vos collègues pour l'utilisation de la salle de motricité.

J'ai reçu un mot d'un parent qui me demande de ne pas envoyer son enfant en récréation car il a un rhume. Puis-je le laisser au chaud dans la classe ?

La règle de base est de ne jamais laisser un élève seul, sans surveillance. Dans ce cas, faites en sorte que l'élève malade soit sous le regard constant d'un adulte.

La présence des élèves lors d'une sortie scolaire est-elle obligatoire ?

Une sortie scolaire s'apparente à une séance d'apprentissage et comporte des objectifs pédagogiques. Elle s'inscrit dans le cadre du service d'enseignement. La présence des enfants est donc obligatoire. Si une sortie déborde du cadre horaire de l'école, il est indispensable de demander l'autorisation aux responsables légaux de l'enfant.

Peut-on demander une participation aux familles pour une sortie ?

La sortie régulière doit être gratuite et ne peut faire l'objet d'une demande financière aux familles. Une contribution peut être réclamée dans le cadre d'une sortie avec ou sans nuitée(s). Dans ce cas, le montant demandé aux parents doit être raisonnable afin de permettre à tous les élèves d'y participer.

L'un de mes élèves ne veut jamais participer, qu'il s'agisse de jeux collectifs, de danse ou même de gymnastique. Que puis-je faire ?

La réaction première est d'échanger avec lui, en aparté pour essayer de comprendre pourquoi il ne souhaite pas participer. On évite de pointer son refus devant le reste du groupe. Avec cet enfant, on essaie de trouver un terrain d'entente. Ce peut être une participation partielle, ou le fait d'endosser une responsabilité.

LA TO-DO LIST

- ❑ Vérifier le contenu de la trousse à pharmacie.
- ❑ Conduire une séance sur les règles de sécurité en EPS.
- ❑ Mener avec les élèves un bilan sur la récréation.
- ❑ Mettre en place, dans le cadre des APQ, au moins six situations différentes.
- ❑ Lister et expliquer en cas de sortie scolaire les consignes de sécurité à appliquer dans le bus et à l'extérieur.
- ❑ En cycle 1 : construire une séquence de motricité en trois phases en terminant par un retour au calme.
- ❑ Tester deux manières différentes de composer les équipes en EPS.

MES NOTES PERSONNELLES

6

VIVRE ENSEMBLE

FICHE 39

DISTRIBUER DES RÔLES ET DES RESPONSABILITÉS

ON TISSE LA TOILE DES RESPONSABILITÉS.

Comme dirait à peu près Spiderman : « enseigner implique de grandes responsabilités ». Pour autant, on peut les partager, et aider ses élèves à grandir en leur attribuant des missions. Il y a de nombreux rôles que l'on peut confier aux enfants pour les faire participer à la vie de classe.

DES RESPONSABILITÉS ÉVOLUTIVES

✔ Responsabilisez les élèves en leur donnant un rôle. Chaque élève verra son rôle évoluer de sorte que chacun puisse exercer une mission différente au cours des semaines ou mois. **Par exemple** :

- **les chefs de rang** organisent le rang à la fin de la récréation ou avant de quitter l'école ;
- **le responsable de la date** écrit la date au tableau ;
- **le responsable de l'appel** note sur le tableau dédié les présents et les absents ;
- **le facteur** distribue ou récupère les documents et cahiers ;
- **le responsable de la bibliothèque** veille à ce que le coin livres reste ordonné ;
- **le responsable du cartable** explique à ses camarades ce qu'il faut mettre dans le cartable avant de partir le soir ;
- **le maître du temps**, à partir des directives de l'enseignant sur le programme de la journée, fait en sorte que le planning horaire soit respecté sur certaines séances ;

- **les élèves médiateurs**, après une formation, aident leurs camarades à régler leurs conflits en proposant des solutions sans juger ni prendre parti.

✔ Nommez, en maternelle, un responsable de la porte qui est en charge de l'ouverture et de la fermeture de la porte et un responsable de la lumière qui gère l'allumage et l'extinction de l'éclairage. En fonction du niveau des enfants, vous pouvez essayer de proposer des responsables du matériel (feutres, colles, ciseaux…) ou encore un responsable des étiquettes de l'accueil.

UNE DISTRIBUTION CLAIRE

✔ Mettez en place un outil de distribution des responsabilités sous forme de tableau. Il peut s'agir d'un tableau effaçable comme celui-ci.

Météo	Date	Rituels	Médiateurs
Yanis	Yanis	Yanis	Yanis
Falou	Falou	**Falou**	Falou
Jules	Jules	Jules	**Jules**
Inès	**Inès**	Inès	Inès

✔ Cherchez d'autres outils disponibles sur Internet, comme par exemple « la fusée des responsabilités ».

✔ *A contrario*, votre organisation peut consister à nommer chaque semaine deux enfants qui endossent l'ensemble des responsabilités. C'est à notre avis plus efficace pour s'y retrouver.

FICHE 40

DÉVELOPPER LA COOPÉRATION DANS LA CLASSE

C'EST L'UN DE NOS SUJETS PRÉFÉRÉS. ON DÉVELOPPE LA COOPÉRATION, L'ENTRAIDE ET LA SOLIDARITÉ DANS LA CLASSE.

Vous êtes la cheffe ou le chef de la classe. Vous anticipez, organisez, dirigez toute la journée. Vous incarnez la figure d'autorité. Pour autant, la relation instaurée avec vos élèves ne doit pas être uniquement verticale. Développer la coopération, c'est permettre aux enfants de s'aider, de prendre part aux décisions. Mais concrètement, ça donne quoi ?

DONNEZ LE TON DÈS LES PREMIERS JOURS

✔ Expliquez dès les premiers jours de l'année scolaire que vous souhaitez un principe de coopération au sein de la classe. À votre écoute, les élèves doivent sentir quel est votre état d'esprit et votre projet. Incarner le rôle d'enseignant(e), c'est aussi traduire ses valeurs en actions concrètes.

✔ Mettez en place deux fois par mois des bilans sur la vie de la classe. Ces moments courts sont l'occasion d'échanger, de relever les points positifs et de pointer quelques problèmes qui peuvent être améliorés. Une fois précisé que le programme scolaire et le contenu des cours ne sont pas des points à négocier, les questions posées peuvent être les suivantes : qu'est-ce que vous appréciez particulièrement dans la classe ? Quels sont les points à améliorer ? Avez-vous des envies particulières ?

ON PEUT S'INSPIRER DES ENFANTS !

- ✔ Aidez, en vous appuyant sur cet échange, les enfants à prendre des décisions. la fiche 42 sur la conduite des temps de débat.
- ✔ Écoutez activement la parole des enfants. À travers une prise de parole peut se dessiner l'envie d'un groupe d'enfants de présenter un exposé ou construire un mini-projet. **Par exemple** : la venue d'un parent en classe pour expliquer son métier.
- ✔ Laissez la possibilité à un enfant d'aider un autre, en lui rappelant que l'objectif est de lui expliquer à nouveau la consigne, de rappeler une procédure mais pas de donner les réponses.
- ✔ Valorisez un enfant devant les autres. Complimenter contribue à donner une ambiance positive à la classe.
- ✔ Récoltez des avis sur un sujet lié à un domaine d'enseignement ou à la vie de la classe, en utilisant la technique de la boule de neige. Chaque enfant réfléchit une minute à la question posée, puis s'associe avec une autre personne. Par deux, ils confrontent leurs avis, apprennent l'écoute et la contradiction. Après deux minutes, un binôme s'associe avec un autre. Ce groupe de quatre ainsi constitué doit se mettre d'accord, en négociant, sur une réponse qui sera ensuite proposée à toute la classe. **Par exemple** : « Que pourrait-on proposer aux parents lors de la prochaine fête de l'école ? »
- ✔ Proposez en cycle 1 des jeux de coopération qui favorisent les relations entre les différents individus de la classe. Il peut s'agir de jeux de plateau ou d'activités physiques dans la cour de récréation. Aller vers l'autre, s'associer, aider, coopérer n'est pas inné et demande une formation dès le plus jeune âge.

BOÎTE À OUTILS

- Enseigner différemment – la classe coopérative.
- Classeur de jeux coopératifs de l'OCCE.

www.lienmini.fr/227754_p125

FICHE 41

PRÉVENIR LE HARCÈLEMENT

PARCE QU'EN PARLER ET PRÉVENIR PERMET D'ÉVITER QUELQUES PROBLÈMES.

Le harcèlement est une forme de violence verbale, physique ou psychologique répétée et effectuée sur une longue période par une ou plusieurs personnes à l'encontre d'une ou plusieurs autres. Nous avons déjà vu que la coopération entre élèves n'allait pas de soi. Il faut l'initier et former les enfants à se montrer solidaires. C'est une réponse préventive contre le harcèlement. En voici d'autres.

OBSERVEZ LES COMPORTEMENTS ET INTERVENEZ

✔ Repérez les enfants isolés. Être un élève seul constitue généralement le premier facteur de harcèlement. Cela peut arriver en cours d'année, notamment lors de l'arrivée d'un nouvel élève.

✔ Intervenez en tant qu'adulte en l'invitant à s'exprimer s'il le souhaite. **VOTRE MISSION** est d'être vigilant et d'identifier l'enfant se trouvant en situation de faiblesse pour lui apporter soutien et écoute. Tous les temps scolaires sont concernés, de la classe en passant par la cour de récréation et même lors des déplacements en bus.

✔ Écoutez le témoignage de cet enfant, mais aussi son ressenti. Évaluez son état émotionnel en observant par exemple s'il a un visage triste, s'il fuit le regard ou a les poings serrés. Être enseignant(e), c'est aussi écouter sans juger, prendre des informations et montrer de l'empathie. Écoutez également le ou les enfants potentiellement harceleurs avec le même état d'esprit. Dans ce cas, il est préférable d'échanger avec des collègues afin de choisir la meilleure marche à suivre.

ÉCHANGEZ AVEC LES PARENTS ET LES COLLÈGUES

✔ Contactez les parents afin d'échanger avec eux sur un éventuel changement de comportement de leur enfant à la maison et sur les doutes que vous avez sur une situation de harcèlement.

✔ Déconseillez aux parents de régler ces problèmes seuls et proposez une démarche d'accompagnement. Par exemple : rencontrez les parents de l'enfant présumé auteur de harcèlement, puis l'enfant lui-même.

✔ Collaborez, échangez, travaillez avec vos collègues. En partageant vos avis, en rencontrant ensemble les familles, vous multipliez les points de vue.

✔ Saisissez-vous des outils de lutte existants. 👁 le programme pHARe : plan de prévention à destination des écoles et des collèges. Mettez en place ce dispositif de prévention qui a un caractère obligatoire. **Pas de panique**, vous serez accompagné par le directeur ou la directrice de l'école.

BOÎTE À OUTILS

- Le 3020 : un numéro d'appel gratuit subventionné par le ministère de l'Éducation nationale et de la Jeunesse qui écoute et oriente les victimes de harcèlement à l'école.
- Le 3018 : le numéro vert national pour la prise en charge des victimes de cyberharcèlement (une appli est également disponible).
- Non au harcèlement.
- Le programme pHARe.

www.lienmini.fr/227755-p127

DÉBATTRE EN CLASSE

TROP PEU EMPLOYÉS, LES DÉBATS AVEC LES ENFANTS SONT D'UNE RICHESSE INCROYABLE.

On ne pratique pas assez le débat, et pourtant quelle richesse ! En classe, il favorise la prise de parole, la réflexion, l'apprentissage de l'écoute et la nuance. Un échange entre les élèves, orchestré par l'enseignant(e), participe d'un climat de classe positif ; bref, l'inverse d'un débat sur une chaîne d'info !

COMMENT PROPOSER UN DÉBAT ?

✔ Faites le choix d'un débat en fonction des envies ou des besoins. Par exemple, un débat peut être proposé suite à un problème dans la cour de récréation, mais il peut aussi être organisé pour que les enfants décident ensemble du contenu du spectacle de fin d'année. Un débat peut également être l'activité principale d'une séance d'apprentissage en lecture après l'étude d'un texte.

✔ Faites comprendre l'intérêt d'un débat. Il permet d'exercer son droit d'expression, de donner son opinion sans jugement de valeur. Il aide également à construire un argumentaire et à éventuellement remettre en cause ses opinions.

✔ Préparez le débat en amont avec la classe. Choisissez avec les élèves le ou les thèmes qui seront débattus, cela permettra à tous d'effectuer les recherches nécessaires à leur argumentaire afin de donner du sens au débat.

✔ Convenez d'une disposition dans l'espace : assis sur sa chaise ? En cercle dans la classe ou dans la cour de récréation ?

POSEZ LE CADRE

✔ Imposez un cadre strict lors des débats. **VOTRE MISSION** est de permettre à chacun de s'exprimer s'il le souhaite. Faites en sorte que chaque prise de parole soit entendue et respectée.

✔ Mettez en place et rappelez les règles d'échange. **Par exemple** : lever la main pour prendre la parole, parler seulement lorsque l'on y est autorisé, écouter sans couper la parole, prendre en compte la parole de l'autre, ne pas se moquer et avoir le droit de rester muet.

✔ Diversifiez les types de débat.

- **Le débat mouvant :** forme de débat dynamique où l'on prend physiquement position. À partir d'une question, les élèves prennent position physiquement en se déplaçant dans un coin de la classe où sont fixées des propositions de réponse. **Par exemple** : « Les jeux vidéo, c'est nul. » Affiches : « Oui », « Un peu », « Non ». Après le déplacement, chacun peut justifier son choix en argumentant.
- **La table ronde :** groupe où les participants se réunissent en cercle pour discuter ou débattre d'un sujet. Chacun expose son avis sans qu'aucune opinion ne soit écartée.

✔ Proposez également des débats philosophiques. **VOTRE MISSION** est d'aider les enfants à prendre de la distance sur des sujets qui leur sont proches. **Par exemple** : « Est-ce qu'être copain ou ami, copine ou amie, c'est la même chose ? »

BOÎTE À OUTILS

- Le débat (réglé ou argumenté).
- Le débat en classe – C'est quoi, la liberté d'expression ?

www.lienmini.fr/227757-p129

FICHE 43

RÉSOUDRE UN CONFLIT ENTRE ÉLÈVES

ON RÉSOUT LE PLUS VITE POSSIBLE LES PETITS CONFLITS, POUR ÉVITER QUE ÇA DÉGÉNÈRE.

L'année scolaire commence bien, tout le monde est reposé, en pleine forme. Et puis les premières tensions voient le jour, ce qui est tout à fait normal. Une classe de vingt-cinq enfants qui doivent évoluer ensemble du mois de septembre au mois de juillet n'est pas toujours un long fleuve tranquille.

LE DÉBUT DU CONFLIT

✔ Pour identifier les situations de conflit, observez et soyez vigilant aux premières tensions qui peuvent apparaître entre les élèves. Mettez-y un terme immédiatement. Par exemple, on rappelle aux enfants les règles de vie de la classe et au besoin les sanctions encourues.

PENDANT LE CONFLIT

✔ Restez calme. On ne s'énerve pas. Face à une dispute verbale qui survient dans la cour, on s'approche calmement et on parle doucement et en articulant. Vous êtes un modèle pour les élèves : si vous êtes calme, ils auront tendance à l'être également.

✔ Soyez à l'écoute. Face à une situation de conflit, **VOTRE MISSION** est d'écouter les enfants et laisser leurs émotions s'exprimer. Par votre écoute active, vous indiquez aux protagonistes de la dispute que vous vous sentez concerné par le problème. On laisse les enfants exprimer leurs émotions et on essaie de comprendre la situation. Ceci permet une analyse globale de la situation et une meilleure gestion des tensions.

APRÈS LE CONFLIT

✔ Sollicitez du soutien. Certaines situations peuvent être plus difficiles à régler que d'autres. **Pas de panique**, on demande l'aide d'un collègue pour ne pas avoir à supporter un conflit qui peut être violent.

✔ Sollicitez la classe. Pour certaines situations que vous jugez importantes, instaurez un débat lors duquel vous reviendrez sur le problème, son origine et l'éventuelle solution trouvée. Ici, on propose de prendre de la hauteur pour que ce type de conflit ne survienne plus. Ainsi, avec les enfants, vous trouvez de manière collégiale une solution à la gestion d'une crise. 👁 la fiche 42 sur la conduite de débat.

✔ Nommez des élèves médiateurs qui devront intervenir en cas de conflit entre deux ou plusieurs enfants. Ce dispositif nécessite un temps de formation important des élèves en début d'année. Cette médiation par les enfants est à adopter en concertation avec les autres enseignant(e)s de l'école.

✔ Proposez des situations fictives. ***VOTRE MISSION*** est d'apprendre aux enfants à résoudre des conflits. Ces exercices fictifs sont l'occasion d'interpréter un rôle dans une situation réelle ou inventée. Vous faites jouer aux élèves une scène, puis vous proposez un débat sur ce qui vient de se passer.

✔ Utilisez la roue des choix pour résoudre un conflit. Préparez pour chaque élève une copie de cette roue (voir boîte à outils) sur sa table et affichez-la en grand format sur un mur de la classe. Vous pouvez l'utiliser en la présentant aux élèves afin qu'ils choisissent la solution de résolution d'un conflit. Cet outil permet de dédramatiser la situation et d'aider les enfants à exprimer leurs émotions.

BOÎTE À OUTILS

- La roue des choix pour résoudre les conflits.

www.lienmini.fr/227759-p131

FICHE 44

COLLABORER AVEC D'AUTRES ADULTES

ENSEIGNER, CE N'EST PAS SEULEMENT PARLER AUX ENFANTS DEVANT LE TABLEAU, C'EST AUSSI OUVRIR LA PORTE DE LA CLASSE À D'AUTRES ADULTES.

On coopère, on invite, on échange... Intervenants, collègues, parents, etc., autant de personnes que l'on croise presque tous les jours à l'école et qui sont d'une richesse infinie, si si !

L'ATSEM

Quel est son rôle ? Il prépare en concertation avec l'enseignant le matériel nécessaire pour les séances.

Peut-il prendre en charge les élèves seuls ? Non, l'enseignant doit être présent dans la classe.

Exemples d'intervention : aide à l'enseignant dans la conduite des séances d'apprentissage, animation d'un atelier tournant, soutien lors des séances de motricité, accompagnement lors d'une sortie.

L'AESH

Quel est son rôle ? Il facilite l'accès des enfants porteurs de handicap à l'enseignement et aux activités d'apprentissage.

Peut-il prendre en charge les élèves seuls ? Il est présent en classe. Il peut, dans certaines situations, accompagner l'enfant dont il a la charge hors de la classe (passage aux toilettes, accompagnement en sortie scolaire, etc.).

Exemples d'intervention : accompagner le ou les élèves durant tous les temps pédagogiques et dans la vie quotidienne au sein de l'établissement.

UN PARENT D'ÉLÈVE

Quel est son rôle ? Il fournit des explications aux enfants dans le cadre d'une séance conduite par vous. Il est responsable du contenu de la séance, de la forme retenue et de la durée.

Peut-il prendre en charge les élèves seuls ? Non, l'enseignant doit être présent dans la classe.

Exemples d'intervention : explication de sa profession et de ses coulisses, encadrement d'un atelier lors d'une olympiade, participation à une sortie scolaire.

UN INTERVENANT D'UNE COLLECTIVITÉ OU D'UNE ASSOCIATION

Quel est son rôle ? Il prépare le contenu de ses séances sportives ou artistiques.

Peut-il prendre en charge les élèves seuls ? Non, l'enseignant accompagne les différentes séances.

Exemples d'intervention : activités liées à la nature de l'organisation intervenante.

UN COLLÈGUE ENSEIGNANT

Quel est son rôle ? Il produit le contenu d'une séquence d'apprentissage. Cet échange entre collègues se nomme « décloisonnement ».
Ses modalités sont définies en conseil de concertation.

Peut-il prendre en charge les élèves seuls ? Oui.

Exemples d'intervention : enseignement des langues vivantes, éducation artistique, etc.

UN ENSEIGNANT SPÉCIALISÉ

Quel est son rôle ? Il réfléchit avec l'équipe éducative à la mise en place d'un accompagnement pour les élèves en difficulté.

Peut-il prendre en charge les élèves seuls ? Oui, il travaille en atelier individuel ou en petit groupe en fonction des besoins.

Exemples d'intervention : il procède à des tests d'évaluation, propose des ateliers d'aide, s'entretient avec les parents des élèves concernés. Ses actions sont multiples et définies en conseil de concertation.

BOÎTE À OUTILS

- Intervenants extérieurs en milieu scolaire.

www.lienmini.fr/227760-p133

QUESTION/RÉPONSE

J'aimerais confier davantage de responsabilités aux élèves, mais je n'ai pas d'idées. Que me conseillez-vous ?

Il n'est pas nécessaire de jouer la surenchère. Ce n'est pas uniquement le fait de confier des responsabilités aux élèves qui les aide à devenir autonomes. Dans ce principe, il ne faut pas oublier tout ce qui concerne le débat entre enfants.
En procédant régulièrement à des échanges où il est demandé aux enfants quelles missions sont les plus délicates à endosser et quelles solutions peuvent être trouvées, on se situe réellement dans le vivre ensemble. Ainsi, on aide les élèves à échanger et à s'écouter. On contribue à faire de la classe un espace coopératif, objet de notre prochaine fiche.

LA TO-DO LIST

- ❑ Choisir une méthode de distribution des responsabilités : fusée, étiquettes, élèves de service…
- ❑ Prioriser trois moyens de faire coopérer les enfants entre eux et s'y tenir.
- ❑ Mettre en place, sur une période, un type de débat avec les élèves.
- ❑ Parcourir la liste des élèves et pour chacun, faire le point sur ce que l'on sait de lui : la profession de ses parents, son sport préféré, sa fratrie…
- ❑ Instaurer un bilan intermédiaire sur les élèves avec les collègues de l'école.
- ❑ Apporter au moins une fois dans la période un gâteau, une boisson ou autre petite douceur pour faire plaisir aux collègues.

MES NOTES PERSONNELLES

7

NOUER UNE RELATION DE QUALITÉ AVEC LES PARENTS

FICHE 45

PRÉPARER LA RÉUNION DE RENTRÉE AVEC LES PARENTS

UN MOMENT DIFFICILE À CONDUIRE ? NON, IL SUFFIT JUSTE DE L'ANTICIPER.

Une réunion, c'est comme une séance d'apprentissage, il faut la préparer. D'abord pour s'assurer de ne rien oublier, ensuite pour anticiper quelques réponses aux questions posées et enfin pour bien délimiter le cadrage horaire afin de ne pas quitter l'école à la tombée de la nuit.

INFORMEZ LES PARENTS

✔ Informez le directeur ou la directrice de l'école ainsi que la personne chargée de faire le ménage dans votre classe du jour et de l'heure de votre réunion.

✔ Rédigez une invitation une dizaine de jours avant. Précisez la date (plutôt en début qu'en fin de semaine, on est plus en forme le lundi que le vendredi), l'heure (après 17 h 30, les parents sont davantage disponibles) et le lieu (en général il s'agit de la salle de classe).

✔ Par exemple, « Madame, Monsieur, Chers parents. J'ai le plaisir d'être cette année l'enseignant(e) de votre enfant. Pour vous présenter notre classe, je vous invite à une réunion d'information le … à … heures dans la salle de classe qui se situe … »

✔ Précisez au besoin les informations pratiques (si l'école est grande) et choisissez une formulation agréable pour la fin, du type : « Ce sera un plaisir de faire votre connaissance. »

✔ Relisez votre courrier avant son départ via le cahier de texte de chaque enfant ou l'ENT.

- ✔ Précisez aux parents excusés que vous vous tenez à leur disposition pour un rendez-vous individuel. Indiquez également qu'un bref compte rendu de la réunion sera rédigé.
- ✔ Demandez à vos collègues les sujets qui sont habituellement abordés lors de la réunion d'information de rentrée.

PRÉVOYEZ LE DÉROULÉ

- ✔ Dressez l'ordre du jour : la description de la classe, les enseignements et apprentissages de l'année, l'emploi du temps, la méthode de travail et votre pédagogie, les supports pédagogiques (cahiers, fichiers, jeux, etc.), les projets et sorties, les informations liées à l'EPS, les autres informations pratiques, les devoirs à la maison et les évaluations, vos attentes en tant qu'enseignant(e) puis l'élection des parents d'élèves.
- ✔ Préparez un diaporama ou une série d'affiches pour chaque point de la réunion. **Par exemple** :
    - diapo 1 : ordre du jour de la réunion ;
    - diapo 2 : trois phrases pour présenter la classe ;
    - diapo 3 : copie de l'emploi du temps ;
    - diapo 4 : rappel des supports pédagogiques de la classe, etc.
- ✔ Ce diaporama tout prêt constitue un support solide pendant la conduite de la réunion (fiche 46).
- ✔ Délimitez un cadrage horaire pour les différentes parties de votre réunion, qui ne doit pas durer plus de 45 minutes. **VOTRE MISSION** est que ce rendez-vous avec les parents soit rythmé : chaque séquence sera courte, avec uniquement les informations essentielles. **Par exemple** : dans la partie consacrée aux devoirs, expliquez quels seront les devoirs demandés chaque semaine et comment se présente le cahier de texte. Rappelez le rôle du travail à la maison et sollicitez une ou deux questions complémentaires.

BOÎTE À OUTILS

- Préparer les rencontres avec les parents à l'école élémentaire.

www.lienmini.fr/227761-p141

FICHE 46

CONDUIRE LA RÉUNION DE RENTRÉE AVEC LES PARENTS

LES PARENTS DE TAÏRIK VIENNENT DE S'ASSEOIR. LA RÉUNION PEUT COMMENCER. AH NON, LE PÈRE D'ENZO FRAPPE À LA PORTE.

Vous êtes debout, devant le tableau, seul(e), comme une comédienne ou un comédien sur le plateau. Le spectacle va bientôt commencer. Voici le moment de faire part de votre enthousiasme à des personnes qui ont pris le temps de venir vous écouter.

ACCUEILLEZ ET PRÉSENTEZ-VOUS

✔ Accueillez chaque parent en vous présentant, en serrant la main et en invitant chacun à s'installer à la place de son enfant. Prévoyez quelques chaises ou tabourets supplémentaires.

✔ Prenez le temps de bavarder avec quelques personnes de manière informelle, le temps que tout le monde arrive et s'installe. Par exemple, donnez une information pratique ou racontez un événement positif survenu en classe et qui mérite d'être souligné parce qu'il met en valeur un ou plusieurs enfants. Un seul mot d'ordre : être positif et souriant !

✔ Placez-vous au centre de la classe, devant le tableau où est projeté votre diaporama. Annoncez à haute voix le début de la réunion en précisant que les retardataires trouveront les informations dans le compte rendu qui sera envoyé à l'issue de la réunion.

✔ Souhaitez la bienvenue, manifestez votre enthousiasme et remerciez les personnes en face de vous pour leur présence. Déclinez votre identité, puis présentez l'ordre du jour tel qu'il est affiché sur votre diaporama. Précisez que l'objet de cette réunion est d'aborder les questions collectives et non les cas individuels. Ajoutez que des demandes de rendez-vous pourront être formulées par la suite.

ANIMEZ LA RÉUNION

✔ Déroulez l'ordre du jour en veillant à être synthétique sur chacun des points. Après chacun d'entre eux, sollicitez d'éventuelles questions. Si l'une d'elles concerne un sujet qui sera abordé plus tard, expliquez que vous y répondrez en temps voulu. **VOTRE MISSION** lors de cette réunion est de montrer aux parents que vous êtes organisé et professionnel.

✔ Consacrez quelques minutes à expliquer votre vision de la classe. **Pas de panique**, on ne vous demande pas de réciter les trois tomes d'une encyclopédie de pédagogie. **Par exemple**, vous tenez à ce que les enfants soient solidaires entre eux. Vous considérez les erreurs orales ou écrites comme un moyen d'apprentissage. Vous concevez les devoirs comme un temps de relecture à la maison et non comme un temps de découverte de notion. Ici, en quelques phrases, vous avez rassuré les parents quant à votre état d'esprit. Et surtout, ne craignez pas de dire ce qui peut paraître évident. Ce qui l'est pour vous ne l'est pas pour des personnes qui ne sont pas des professionnels.

✔ Souriez, apportez une touche d'humour, asseyez-vous sur un coin de table ou sur un tabouret haut pour ne pas toujours paraître comme « le prof dans sa classe ». Tout ce qui contribuera à donner un côté « humain » est le bienvenu, tant que tout cela reste dans un cadre de respect mutuel.

✔ Clôturez la réunion en faisant noter votre adresse mail professionnelle. Rappelez qu'il est possible de vous écrire à cette adresse si d'autres questions surviennent.

✔ Remerciez les parents de s'être déplacés.

FICHE 47

DONNER DES DEVOIRS

LES DEVOIRS, C'EST COMME LE SEL DANS LA SOUPE. NI TROP, NI TROP PEU.

C'est le grand débat qui anime la réunion de rentrée avec les parents mais aussi les repas de famille où votre beau-frère reproche à l'enseignante de son petit dernier de donner trop de devoirs. Et puis d'abord, est-ce qu'ils sont autorisés ou pas ? Voici ce que dit le texte de loi, la base, ainsi que nos conseils sur le sujet.

LES DEVOIRS, ON EN PARLE DÈS LA RENTRÉE

✔ Expliquez aux parents lors de la réunion de rentrée, en rendez-vous individuels ou à l'occasion de rencontres informelles, votre organisation concernant les devoirs à la maison.

✔ Construisez cette organisation à partir du texte de loi qui réglemente les devoirs à la maison : les devoirs écrits ne sont pas autorisés, seuls les travaux de recherche ou de lecture sont permis, tout comme les leçons à apprendre.

✔ Choisissez un outil simple pour consigner les devoirs. Il peut s'agir d'un cahier de texte, d'un agenda ou de messages publiés sur l'ENT de l'école. **VOTRE MISSION** en début d'année scolaire est de bien former les élèves à l'utilisation de l'outil choisi et à bien l'expliquer aux parents. Par exemple, pour le cahier de texte, revoir une ou deux séances d'apprentissage sur l'organisation d'une page, ses différentes colonnes (matière, date et devoirs à noter), le trait de séparation entre chaque devoir.

UNIQUEMENT DES NOTIONS DÉJÀ VUES EN CLASSE

✔ Veillez à ne pas donner de devoirs du jour au lendemain. Par exemple : une poésie travaillée en classe le lundi sera à mémoriser pour le lundi suivant.

✔ Corrigez scrupuleusement les devoirs notés par les enfants dans leur cahier de texte. Ceci vous permet de vérifier si tout a bien été noté, et chasser d'éventuelles fautes.

✔ Travaillez en classe ce qui sera à réviser à la maison. Par exemple : on ne demande pas aux enfants d'apprendre la table de multiplication par 5 si elle n'a pas été apprise à plusieurs reprises en classe. Gardez en mémoire que les parents ne sont pas des enseignants et n'ont pas à s'engager dans des apprentissages à la maison.

✔ Évitez les remarques négatives à l'encontre d'un enfant qui n'a pas appris une leçon.

✔ Évitez de stigmatiser, devant toute la classe, un enfant qui n'a pas fait ses devoirs. Prévoyez éventuellement un rendez-vous avec les parents dont l'enfant ne fait pas ses devoirs ou très rarement.

✔ Procédez régulièrement à un bilan en classe des devoirs à la maison. Les enfants peuvent en profiter pour vous faire part d'éventuelles difficultés méthodologiques. Par exemple : conseillez aux enfants et aux parents, même si le travail écrit est interdit à la maison, d'écrire sur une feuille les mots à apprendre. Le passage à l'écrit aide à la mémorisation.

✔ Présentez quelques ressources aux enfants qui souhaitent approfondir une notion. La collection « Les fondamentaux » ou l'ensemble du contenu de la chaîne Lumni constituent de très bons supports disponibles gratuitement sur Internet.

BOÎTE À OUTILS

- Peut-on donner à un élève du primaire des devoirs à faire à la maison ?
- Les fondamentaux.
- Lumni, apprendre en s'amusant.

www.lienmini.fr/227764-p145

FICHE 48

RÉDIGER LE COMPTE RENDU DE LA RÉUNION DE RENTRÉE

ON NOTE SUR UN DOCUMENT TOUT CE QU'ON A EXPLIQUÉ LORS DE LA RÉUNION (VOUS ÉTIEZ TELLEMENT BON).

Votre réunion s'est bien passée. Vous étiez tellement à l'aise que vous aimeriez la rejouer une deuxième fois. N'abusons pas des bonnes choses. Pour les parents qui n'ont pas pu se déplacer, préparons un compte rendu où ils trouveront les informations principales.

ON CLASSE LES INFORMATIONS EN RUBRIQUES

✔ Saisissez sur un fichier de traitement de texte les rubriques suivantes : les apprentissages, les évaluations, le matériel, les devoirs, des conseils et des informations.

✔ <u>Pas de panique</u>, pour chaque partie, voici quelques pistes et conseils.

LES APPRENTISSAGES

✔ Notez ici quelques informations sur un ou plusieurs projets que vous souhaitez mettre en place, des renseignements sur l'EPS (jours et créneaux horaires, vêtements requis), des demandes particulières de votre part. Par exemple : « J'aimerais que certains parents viennent présenter leur métier aux élèves. Vous pouvez m'envoyer un mail si vous êtes intéressé(e). »

LES ÉVALUATIONS

- ✔ Expliquez en quelques mots que des évaluations seront mises en place à la fin de chaque séquence d'apprentissage. Invitez les parents à consulter chaque week-end les cahiers et les copies pour lire vos remarques. Rappelez en quelques mots le fonctionnement de l'école quant au livret scolaire et le cas échéant, le dispositif d'évaluation nationale.

LE MATÉRIEL

- ✔ Listez les livres, fichiers et cahiers des enfants et demandez à ce qu'*a minima*, le cahier du jour soit signé chaque week-end.

LES DEVOIRS

- ✔ Spécifiez que les devoirs sont donnés quelques jours à l'avance et indiquez où ils sont notés. Par exemple : « Les devoirs sont notés dans le cahier de texte (pour les CE1) ou envoyés sur l'ENT (pour les CP). Chaque semaine : des mots à apprendre et de la lecture, une leçon à relire et une table de mathématiques. Chaque mois : une poésie. Régulièrement : une leçon à relire. »

DES CONSEILS POUR AIDER À LA RÉUSSITE DES ENFANTS

- ✔ Vous pouvez rappeler l'importance de lire et faire lire régulièrement des livres à la maison. Vous pouvez ajouter que s'adonner régulièrement à des jeux de société (de type jeu de l'oie, Uno, etc.) pour travailler la rapidité, le vocabulaire et les opérations mathématiques est efficace.

INFORMATIONS DIVERSES

- ✔ Profitez de cette rubrique pour rappeler votre adresse mail professionnelle, l'adresse de l'ENT de l'école, les élections de parents d'élèves au mois d'octobre ou les demandes de rendez-vous avec vous.

FICHE 49

CONDUIRE UN RENDEZ-VOUS AVEC UN PARENT

CE MOMENT OÙ IL FAUT ÊTRE PRÉCIS, EFFICACE ET SOURIANT, TOUT ÇA EN MÊME TEMPS.

C'est incroyable à quel point le métier de prof revêt des compétences diverses, multiples et variées. À 16 h 25, vous dansez un cercle circassien dans le hall de l'école avec vos élèves de grande section. À 16 h 33, vous êtes assis autour d'une table avec les parents de Gabriel pour trouver des solutions à ses difficultés en lecture…

AVANT L'ENTRETIEN

✔ Invitez les parents à un rendez-vous individuel afin d'échanger à propos de leur enfant. Préparez un mot, sur lequel devra figurer la date, l'horaire et le lieu du rendez-vous. Ne mentionnez pas le détail du sujet de la rencontre. Par exemple, indiquez seulement que vous souhaitez les rencontrer pour parler du travail de leur enfant.

✔ Le but de cet entretien n'est pas forcément négatif, vous pouvez les rencontrer pour leur présenter les progrès de l'élève. Indiquez aux parents la durée de cette rencontre pour qu'ils puissent s'organiser. Il se peut également que ce soit les parents qui sollicitent une rencontre. Si c'est le cas, faites en sorte d'être réactif en proposant rapidement une date.

PENDANT L'ENTRETIEN

- ✔ Montrez-vous à l'écoute et souriant. **VOTRE MISSION** est d'instaurer dès le départ un climat positif. Il faut avoir en mémoire qu'un rendez-vous avec l'enseignant(e) de son enfant peut être impressionnant. Certaines personnes s'y rendent un peu tendues : il faut donc commencer par un sourire et de la légèreté.
- ✔ Abordez en première partie les progrès et les réussites. Puis dans une deuxième partie les éventuels sujets plus difficiles : des problèmes de comportement ou des difficultés dans les apprentissages.
- ✔ Étayez l'ensemble de vos propos en vous appuyant sur les cahiers et fichiers de l'enfant.
- ✔ Proposez au besoin des aides et des conseils pour que les parents puissent aider leur enfant à la maison. Vous pouvez proposer du matériel pédagogique utilisé en classe, des livres ou des applications Internet.
- ✔ Veillez à ne pas utiliser de termes qui ne peuvent être compris que par des enseignants. **Par exemple** : on parle d'aide, pas de différenciation.
- ✔ Concluez en reformulant les points évoqués avec les parents puis formulez les suites à donner. **Par exemple** : « En classe, je propose un travail personnalisé en lecture. À la maison, il lit avec vous chaque soir deux pages de la série de petits romans que nous avons évoquée lors de ce rendez-vous. »

APRÈS L'ENTRETIEN

- ✔ Rédigez un compte rendu récapitulant les informations ou décisions prises.
- ✔ Faites parvenir ce document aux parents.
- ✔ À l'issue d'un entretien, vous devez pouvoir répondre à ces deux questions : qu'est-ce que le parent m'a appris de l'élève au cours de cet entretien ? Qu'est-ce que j'ai appris au parent au cours de cet entretien ?

FICHE 50

GÉRER UN CONFLIT AVEC UN PARENT

ELLE N'EST PAS CONTENTE, LA MÈRE DE NOAM, ET ELLE COMPTE BIEN LE FAIRE SAVOIR !

Devant les grilles de l'école, elle s'approche de vous, le visage fermé, les sourcils froncés. À peine vous a-t-elle dit bonjour qu'elle vous reproche une punition donnée la veille à son fils. Elle vous trouve injuste et vous menace d'en parler à l'inspecteur et pire, à son mari. Que faire ?

AU MOMENT DE L'ALTERCATION

✔ Restez calme. **VOTRE MISSION** est d'écouter son intervention sans l'interrompre.

✔ Ne donnez pas votre avis sur le vif pour éviter des paroles malencontreuses.

✔ Organisez un rendez-vous ultérieur qui permettra à chacun de s'exprimer de manière apaisée.

✔ Confirmez le rendez-vous par mail. Préférez le mot « invitation » au mot « convocation ». Proposez au parent de venir avec son enfant.

AVANT LE RENDEZ-VOUS

✔ Préparez la rencontre en notant de manière la plus factuelle possible les points à évoquer : bilan du comportement de l'élève en classe, résultats scolaires, remarques diverses.

✔ Collectez quelques informations supplémentaires sur l'élève. **Pas de panique** : échangez avec un ou plusieurs collègues pour obtenir ces informations complémentaires.

PENDANT ET APRÈS LE RENDEZ-VOUS

- ✔ Débutez l'entretien en proposant à l'enfant de sortir pour le moment et de rejoindre la conversation dans un second temps, pour inviter le parent à s'exprimer en premier. 👁 d'autres conseils sur la conduite d'un rendez-vous en fiche 49.
- ✔ Prenez en note sur un cahier ce qui est exprimé par le parent.
- ✔ Donnez votre point de vue sur l'élève en veillant à commencer par les points positifs. Par exemple : les domaines où les résultats sont bons ou en progrès, ou des prises de parole pertinentes lors d'échanges en classe.
- ✔ Trouvez un terrain d'entente sur la punition en cours : la maintenir, l'annuler, la réduire ou la mettre en suspens en échange d'une amélioration du comportement.
- ✔ Synthétisez ce qui vient d'être dit, puis proposez à l'élève d'entrer.
- ✔ Expliquez à l'enfant ce qui vient d'être abordé puis décidé. 👁 la gestion d'un conflit éventuel entre élèves en fiche 43. Assurez-vous de sa bonne compréhension, donnez-lui la parole et laissez-le s'engager à améliorer son comportement.
- ✔ En conclusion, proposez un rendez-vous dans quelques semaines afin de faire un point sur l'évolution du comportement de l'élève.
- ✔ Rédigez un mail adressé au parent, précisant en quelques phrases les engagements pris lors du rendez-vous.

QUESTIONS/RÉPONSES

Lors de la réunion de rentrée, je crains la question qui tue, celle pour laquelle je n'ai absolument aucune réponse !

Ne vous inquiétez pas. À chaque réunion, il y aura toujours un parent qui vous titillera sur votre méthode et un autre qui voudra connaître le calendrier de toutes les sorties. Sur le premier point, vous êtes enseignant(e) donc responsable de pédagogie qui n'a pas à faire l'objet de négociations. Sur le deuxième point, s'il vous manque des informations, ce n'est pas grave. Précisez qu'en ce début d'année, tout n'est pas encore connu mais que vous communiquerez sur tout cela en temps voulu.

L'année dernière, c'était ma première réunion de rentrée. Tout s'est bien passé, mais à la fin, une dizaine de parents m'est tombée dessus pour me parler de leurs enfants. On est restés une heure sur le trottoir. Au secours !

C'est le coup classique. Les parents veulent faire votre connaissance individuellement. Coupez court avec politesse, sourire et courtoisie en sortant votre agenda et en proposant un rendez-vous ultérieur.

Est-ce si important de rédiger un compte rendu ?

Oui, parce qu'il permet aux parents qui n'ont pas pu se déplacer d'avoir à leur disposition les informations essentielles pour bien démarrer l'année scolaire. De plus, c'est un outil rassurant pour les familles. En quelques lignes, elles peuvent apprécier votre sens de l'organisation et votre rigueur.

Quelle doit être la longueur de ce compte rendu ?

Court, très court. En ce mois de septembre où nous sommes tous surchargés de documents administratifs, on peut considérer qu'un simple recto est amplement suffisant.

Que faire, lors d'un rendez-vous avec un parent, si l'un d'eux refuse mes remarques, mes conseils et s'énerve ?

Si ce parent a la réputation d'être difficile, vous pouvez demander à un collègue d'être présent. Si après avoir écouté les griefs, recentré sur le rôle de l'école et proposé des solutions, le parent demeure agressif, il est préférable de clore l'entretien. Vous pouvez le reporter à la semaine suivante. D'ici là, vous aurez eu le temps de réfléchir et d'anticiper de nouvelles réponses.

Un parent peut-il m'obliger à lever une punition ?

Non, à partir du moment où la punition est conforme au règlement intérieur de l'école et a une visée éducative.

Quelles sont les punitions à éviter ?

Un élève ne peut pas être privé totalement de récréation. Nous conseillons de demander à l'enfant puni de passer quelques minutes à côté des enseignants de service, avant d'aller jouer avec ses camarades. Au moment où vous levez sa punition, entretenez-vous avec lui. Demandez-lui s'il a réfléchi à la conséquence de ses actes et ce qu'il propose pour améliorer son comportement. Attention, n'envoyez jamais un enfant hors de la classe, seul et sans surveillance.

LA TO-DO LIST

- ❑ Rédiger le déroulement de la réunion de rentrée et préparer le diaporama inhérent.
- ❑ Adopter un outil de communication avec les parents : cahier de texte, ENT, carnet de liaison.
- ❑ Écrire un vade-mecum présentant des conseils pratiques pour les devoirs à la maison.
- ❑ Acheter un cahier dédié où sera noté le compte rendu de chaque rendez-vous avec les parents.
- ❑ Échanger avec les collègues pour identifier les familles ayant posé problème par le passé.
- ❑ Rester le plus souvent possible devant la grille de l'école pour échanger avec les parents.
- ❑ Sur une période, faire intervenir au moins deux parents dans la classe.

MES NOTES PERSONNELLES

INDEX

DES MÊMES AUTEURS

Livres pédagogiques

Conduire sa classe – 30 conseils en vidéo, Retz

Enseigner avec le numérique, Retz

Je réussis mon apprentissage, avec Franck Manière, Vuibert

De Stéphane Grulet :

Des rituels pour travailler l'orthographe, Retz

Des jeux pour aider les élèves en français et en maths, Retz (deux tomes parus)

Livres d'humour

Le bonheur est dans le préau, Jungle

ParentsProfs, Jungle

ParentsProfs 2, Jungle

Mon super cahier insolent, Jungle

Fiction jeunesse

Quartier libre, Retz (six tomes parus)

Jeux

Clac ta culture, First

Clac ta culture 90's, First

IMPRIM'VERT®

Dépôt légal : avril 2024
Achevé d'imprimer en mars 2024 par SEPEC en France
N° d'éditeur : MAGSI20230387 - N° d'imprimeur : 09467240133

FABRIQUÉ EN FRANCE

PEFC
10-31-1470